Customer Experience Innovation
How to Get A Lasting Market Edge

海盗思维

打造令人惊奇的客户体验

[澳大利亚] 罗伯特·杜（Robert Dew） 著
赛勒斯·艾伦（Cyrus Allen）

禾摇 译

电子工业出版社
Publishing House of Electronics Industry
北京·BEIJING

CUSTOMER EXPERIENCE INNOVATION: HOW TO GET A LASTING MARKET EDGE, by ROBERT DEW, CYRUS ALLEN

Copyright©2018 EMERALD PUBLISHING LIMITED of Howard House, Wagon Lane, Bingley, West Yorkshire, BD16 1WA, United Kingdom

This edition arranged with Emerald Publishing Limited through Big Apple Agency, Inc., Labuan, Malaysia.

Simplified Chinese edition copyright©2019PUBLISHING HOUSE OF ELECTRONICS INDUSTRY

All rights reserved.

本书中文简体字版授予电子工业出版社独家出版发行。未经书面许可，不得以任何方式抄袭、复制或节录本书中的任何内容。

版权贸易合同登记号　图字：01-2019-2627

图书在版编目（CIP）数据

海盗思维：打造令人惊奇的客户体验 /（澳）罗伯特·杜 (Robert Dew)，（澳）赛勒斯·艾伦 (Cyrus Allen) 著；禾摇译 .— 北京：电子工业出版社，2019.6
书名原文：Customer Experience Innovation: How to get a lasting market edge
ISBN 978-7-121-36715-1

Ⅰ.①海… Ⅱ.①罗…②赛…③禾… Ⅲ.①企业管理—销售管理 Ⅳ.① F274

中国版本图书馆 CIP 数据核字（2019）第 108187 号

策划编辑：张振宇
责任编辑：张振宇
印　　刷：天津画中画印刷有限公司
装　　订：天津画中画印刷有限公司
出版发行：电子工业出版社
　　　　　北京市海淀区万寿路 173 信箱　　邮编：100036
开　　本：700×1000　1/16　印张：13.5　字数：260 千字
版　　次：2019 年 6 月第 1 版
印　　次：2021 年 1 月第 3 次印刷
定　　价：68.00 元

凡所购买电子工业出版社图书有缺损问题，请向购买书店调换。若书店售缺，请与本社发行部联系，联系及邮购电话：(010) 88254888，88258888。
质量投诉请发邮件至 zlts@phei.com.cn，盗版侵权举报请发邮件至 dbqq@phei.com.cn。
本书咨询联系方式：(010) 88254210，influence@phei.com.cn，微信号：yingxianglibook。

致　谢

这本书的诞生得益于许多人的帮助,对他们我深表感谢。首先要感谢的是赛勒斯·艾伦,他帮助我完成了这本书的几个章节,提供了书中的数个案例,更在过去的四年间指导我从事面向大企业的客户体验咨询业务。没有赛勒斯,也许我迄今还徘徊在咨询界的门口,未能触及更高的领域。因为赛勒斯的缘故,我得以和本书中介绍的许多大企业一同工作,积累了足够多的经验,写出一些还算有价值的东西。有时赛勒斯的反馈令我很难接受,但我还是坚持了下来,因为我知道他真的很关心这本书。如果有人问我从赛勒斯身上学到的最重要的东西是什么,那就是关心你为之工作、与之共事的人。赛勒斯本人就是以客户为中心的典范。

同时,我也要感谢我在澳大利亚 Strativity 公司的其他同事。在过去的六年时间里,我在 Strativity 参与了许多项目,有幸与世界上最优秀的咨询团队并肩作战。他们成了我的朋友,对我认知世界产生了持久而有力的影响:

- 感谢乔治·贝亚托维奇以他永不知疲倦的热情始终感染着我,让我在写作过程中充满信心。完成一本书是一项浩大的工程,我不可避免地也会遇到泄气的时候,这时乔治总会帮助我重整旗鼓,继续坚持下去。

- 感谢米歇尔·赫根指导我如何更有效地传达信息,并愿意倾听那些"在我脑子里东奔西窜的松鼠"。米歇尔让我学会了怎样写出那些真正需要说出的话。

- 感谢马特·珀尔优雅的极简主义设计，满足了我希望在商业世界根据自己的价值观行动做事的深层需求。马特帮我解决了如何在书中加入简单的视觉效果的问题。更重要的是，他和我产生了一种共鸣，即相信在商业世界里，做好事比赚钱更重要。

- 感谢布拉德·米汗如此富有远见和动力，在澳大利亚创办了Strativity公司。布拉德是我见过的最好的业务人员，因为他将为客户寻找和创造价值视为不变的信条。在我看来，他是澳大利亚客户体验领域当仁不让的领导者之一。在我担任客户体验咨询顾问的多年时间里，布拉德一直给予我支持、机会和宽容。

在这里感谢父母可能会显得有点迂腐甚至过时，但对我的父母而言，却是完全应得的。我的父亲母亲都很有创业精神，在我出生前几年，他们离开英国，成为"十英镑"移民中的一员，在澳大利亚开始了新生活。从我记事起，我的母亲就向我灌输聪明体贴的重要性，我在学业上取得的成绩也源于她对我做一个有心人的期待。不过，对我事业影响更大的是我的父亲。他为我树立了很好的榜样，证明了热情、积极的态度是怎样影响做生意的。当我还是个十岁出头的孩子时，每逢假期，我就会坐在父亲的面包车里和他到处跑，学到很多和客户互动的知识。那时，他是一名货车司机兼售货员，给小卖部补充糖果、零食和药品。既带有讽刺色彩又具有启发意义的是，我父亲当时服务的客户、从事的批发分销业务甚至整个商业模式如今都已过时。但我从他身上学到的价值观直到今天仍然适用，那就是服务态度良好、工作努力、关心客户，以及始终保持学习的心态。

最后，我要感谢我生命中最重要的人，我的妻子萨拉·戴利。在短短六年时间里，我们一起游历了世界上的许多地方，未来还有许多地方有待我们去探索。在此期间的经历激发出我的许多重要见解，如果没有她的帮助，我可能会错失许多灵感。我们谈论各种问题，从艺术到伦理，从人际关系到心理学，从商业到金钱。这为我们的事业和生活奠定了基石，我们也将携手继续走下去。谢谢你！

前　言

　　闭上你的眼睛，思考片刻，你能想到的最具创新性的公司是哪家？这几家公司也许会出现在你名单的前列——苹果、谷歌、某家特别受欢迎的航空公司或酒店。毫无疑问，这些公司很擅长创新游戏，但可以肯定的是，推动其持续发展的更是它们所创造并保持的客户体验的质量。苹果并不是第一家生产 MP3 播放器或智能手机的公司，但是凭借其对品牌设计和独特客户体验的关注，它逐渐占据优势地位。

　　反之亦然。再想想那些排在你名单后面的公司，提起这些公司，你会劝你的朋友像躲开瘟疫一样躲开它们。同样，你做出这样的判断，多半是基于你作为客户的不良体验，而不是基于对它们财务或研发概况的细致分析。

　　早在 1998 年，约瑟夫·派恩就在他的文章和著作中使用了"体验创新"一词，并就此有非常精彩的论述。派恩的论点十分简单，在当下这个日益商品化（尤其是服务商品化）的世界，企业之间最为本质的差别，就在于它在顾客生活中所创造的个人体验。派恩举了太阳剧团的例子。这个剧团可不是普通的马戏团，而是一个将客户体验视为核心价值的特殊组合。另一个例子是维珍航空。在激烈的跨大西洋航空竞争中，维珍航空之所以能与比自己强大的对手抗衡，也是因为它所创造的独一无二的客户体验——从开到你家门前的豪华轿车到趣味无穷的俱乐部，你一直被无微不至地关怀着、照顾着，以至于你都不想离开去赶飞机。

体验创新并非屡试不爽，有时还要面临逐渐褪色的风险，可有一些公司还是因此大获成功。英国的第一家网上银行 First Direct，是通过呼叫中心和网站来提供服务的，但由于它打造出非常个性化的客户体验，所以拥有了一批忠实的客户。它真正了不起的地方是能够保持客户的满意度居高不下，现在它已经 30 岁了，仍旧在持续壮大。更难能可贵的是，它留住了大多数原始客户，这可不是客户的惯性使然，而是因为公司对客户体验持续认真的关注。

正如罗伯特在他书中所说的那样："当一家公司以顾客尊重的方式脱颖而出时，市场也会给予嘉奖。这正是客户体验创新的基础。你为公司的客户体验做得越多，顾客就越会倾向于选择你的产品，心甘情愿地付钱，并且免费帮你做广告。然而，难点不是如何找到顾客喜欢的东西，而是如何从人群中脱颖而出。"

将创新比作一种海盗行径是贯穿本书的一个隐喻。这当然不是取其贬义，而是指时刻准备好迎接挑战和承担风险，从而在当今竞争激烈的狂风暴雨中高歌前进。这应该也是创新经济学之父约瑟夫·熊彼特所乐于接受的概念（如果不称之为形象的话），因为"海盗"与他著名的"创造性破坏"概念十分契合。

上述观点对于许多老牌公司的高级经理人来说很难接受，这并不奇怪。这些公司在初创时期无一不是以创业精神为核心，可一旦它们做大做强之后，就会变得小心翼翼起来。在后来的创新当中，控制和谨慎逐渐占据上风，它们更倾向于做自己擅长的事。这对于公司的稳定绝对有利，但如果不花费一些精力去不断探索，待航行到未知的水域、开疆拓土、经历风险时，很容易导致整个事业的失败。创新研究清楚地表明，长期的成功是一种平衡，任何一个组织都需要一定程度的海盗行径，通过不同的行为来催生不同的产品。其中，客户体验即为核心。

客户体验的重要性显而易见，而真正的挑战在于如何创造以及保持良好的客户体验，这即是本书的出发点。本书作者基于自己十年间在多个不同领域的研究，提出了一种思考客户体验的结构性框架——何为客户体验，以及它是如何形成的。更重要的是，本书提供了一些很好的案例和见解，以及一个详尽的工具包。你可以使用这一工具包使你的客户体验得以提升，或者采用更激进、冒险的方式让你的客户体验彻底改头换面！

约翰·贝赞特

《管理创新》合著者之一

目　录

案例列表 ·· IX
作者简介 ·· XIII

第一章　羊群和海盗

　　市场竞争中的羊群效应 ································· 001
　　给你一个改变的机会 ··································· 002

第二章　提升客户体验为何如此重要 ················· 005

　　当增量生产步伐过快时 ································· 007
　　市场定位涉及价格和质量 ······························ 010
　　品牌价值来自产品质量的声誉 ························ 013
　　品牌炒作的捷径不可靠 ································ 014
　　客户体验提升有利于品牌增值 ························ 019

第三章　了解竞争优势 ································· 022

　　识别六种竞争优势 ····································· 023

先发竞争优势维持的要诀 …………………………………… 027

驾驭突发竞争优势 …………………………………………… 033

持久竞争优势的管理复杂性 ………………………………… 036

第四章 如何评估你的客户体验 …………………………………… 038

绘制客户旅程地图 …………………………………………… 039

选择访谈客户 ………………………………………………… 040

客户体验可以被推断 ………………………………………… 042

客户旅程只能靠客户验证 …………………………………… 045

有时你需要的只是一个小样本 ……………………………… 049

使用亲和图法的两个层次 …………………………………… 050

细分市场的学问 ……………………………………………… 051

定性研究需与定量研究相结合 ……………………………… 054

识别细分市场是门艺术 ……………………………………… 057

价值驱动贯穿市场定位 ……………………………………… 062

创建价值曲线 ………………………………………………… 064

寻找市场漏洞 ………………………………………………… 065

第五章 如何实现渐进式客户体验升级 …………………………… 070

情绪始于共情 ………………………………………………… 076

将风险控制在适当水平 ……………………………………… 084

金钱让世界运转 ……………………………………………… 088

当价格出错时 ………………………………………………… 093

当价格没错时 ………………………………………………… 099

学会审时度势 ·· 101

好的客户体验就是创造一种感觉 ····························· 105

感觉类客户体验始于视觉 ······································ 106

声觉客户体验值得分享 ··· 109

嗅觉客户体验触发记忆 ··· 117

触觉客户体验引发联想 ··· 119

第六章 客户体验如何养成或改变 ·················· 123

并非所有创新都是平等的 ······································ 123

找到创新"甜蜜点" ··· 128

处理创新的三个阶段 ·· 129

要么是持续性的，要么是颠覆性的 ·························· 131

颠覆性创新的柳暗花明 ··· 133

"低端"颠覆最为常见 ·· 135

"高端"颠覆最为惊艳 ·· 135

颠覆性创新需进军非消费领域 ································ 136

避免被颠覆 ··· 137

持续性创新是短期选择 ··· 138

Kano 模型有助于寻找持续性机会 ··························· 139

设计矩阵有助于产品革新 ······································ 144

约束理论让你的成本减半 ······································ 148

用 SCAMPER 法优化客户体验 ······························· 152

重置市场价值链改变 B2B 游戏 ······························ 154

网购正在蚕食零售价值链 ······································ 158

移动客户体验必须简单、及时、注重地域性 …………… 162
　　避免与新渠道或专业机构的直接竞争 ………………… 164
　　提前应对市场变化 ………………………………………… 170

第七章　为客户体验创新吧 ………………………………… 175

　　保持机敏，随时准备面对失败 …………………………… 175
　　选择合适的数量和类型 …………………………………… 177
　　确定由谁负责以及需要什么资源 ………………………… 179
　　实施客户体验创新的实际步骤 …………………………… 184
　　下一步做什么由你决定 …………………………………… 186

索　引 ………………………………………………………… 189

案例列表

如何快速查找关于痛点的案例和解决方案 …………………… 3
T＋从"卖面粉"到"卖体验" ……………………………………… 6
E＋英特尔的反直觉选择 ……………………………………… 10
E－nakd 饮用水 ………………………………………………… 15
E－苹果客户体验的变化 ……………………………………… 18
S＋德博诺关于收购停车场的建议 …………………………… 21
EDGE——竞争优势的四大要素 ……………………………… 22
亚马逊是如何打造多重竞争优势的 …………………………… 26
T＋E＋M＋S＋沃尔玛：位置优势带动收入增加的先行者 …… 28
SANTOS：位置优势促使成本降低的先行者 ………………… 30
E＋快速配对选择 ……………………………………………… 40
E＋M＋如何引导客户对重型货车的购买决定 ……………… 44
E＋T＋治疗决策阶段的肿瘤学咨询 ………………………… 46
样本规模 ………………………………………………………… 49
市场研究并不简单 ……………………………………………… 51
S＋ 招聘工作中的细分法 ……………………………………… 52
S－购买意图研究 ……………………………………………… 55

S - 错失机会的"酿由你" ································ 58

M + 股票经纪人使用的细分法 ··························· 60

S + 私立学校的价值驱动 ································ 63

S + OBT 的市场地图 ···································· 66

S + 绘制澳大利亚啤酒市场地图 ························· 68

T - 等待时间过长引发更多痛点：以佛罗伦萨安飞士为例 ··· 71

T + 亚马逊"一键购买"设置实现即时满足 ················ 76

E - 乘坐布里斯班渡轮的"生气" ······················· 77

E + 与 Toms 鞋一同关爱社会 ···························· 79

E + T - Mobile 简单的"非电信"思维模式 ················ 79

E + 《洛奇恐怖秀》的生命力 ···························· 80

R + 在 Suncorp 保险公司，事故维修不用愁 ··············· 85

R + 在 HYI，满足你的风险偏好 ·························· 87

R - 法律细则问题 ······································ 87

M - 航空价格战 ·· 88

M - 通过收益管理挖掘客户 ····························· 90

M + 供不应求的日本威士忌 ····························· 92

M - 瓶装水"举报门" ·································· 93

M - Audible.com 暗箱操作的订阅 ························ 96

M - 地毯的适当价格 ···································· 98

M + 定价模式之 6F ···································· 99

S - 澳航激怒了"飞行袋熊" ··························· 102

S + 聪明的修车行要扎堆 ······························ 104

S + 布里斯班最差的素食餐厅 ·························· 105

S – 涂鸦与广告	106
S + 法国的暗黑餐厅 Dans Le Noir?	108
S + 夜晚的东京	109
S – 令人生厌的电台广告	110
S – 环境中的声音恐怖主义	112
S + 与众不同的声与静	113
S – 缺乏授权的雪景公司	115
S + 爱意满满的日本护理机器人	117
S + 皇家哥本哈根冰激凌的气味营销	118
S – ｜S + 绿野中的一天	120
T – 麦当劳的客户期待管理	140
M + ｜S + QuickBooks、MYOB 和 Xero 等自动化会计软件	142
M – 消费电子产品	143
S + E + 设计新型公共交通	145
T + 高效报税或许并非你想象的那么难	150
E + 当努沙海鲜市场遇见 SCAMPER 法	152
E – 操作系统的部落文化	155
T + E + M + S + 自行开创下游的尝试者"调查猴"	157
T + E + R + 21 世纪网购潮流中的 THE ICONIC	160
E + 绕开事实，吸引互动——ABC 新闻之道	161
T + E + M + Amazon Go：传统购物的进化	163
S + Nespresso 开辟了咖啡爱好者的新细分市场	165
S + 现代艺术与市场营销	169
E + M + S + BIC 颠覆了钢笔	172

S＋卡塞拉席卷美国葡萄酒市场 …………………………… 173
T＋E＋宜家的"快速通道" ………………………………… 176
T＋E＋丽思卡尔顿酒店"神奇时刻" ……………………… 180
T＋E＋R＋M＋特斯拉的电力生态系统革命 …………… 183

作者简介

罗伯特·杜最初是一位物理学家，但经历了几次职业变动后，他最终走上了从事创新管理和客户体验咨询的道路。作为科里奥利创新中心的带头人，他在帮助公司成长方面已积攒近 20 年的经验。他曾为许多澳大利亚的大公司提供咨询服务，创办了 48 家初创公司，并投资了另外 4 家私营企业。作为一名学者，他攻读博士期间的研究领域是"拥有较强治理能力的企业如何提升创造力"。他还曾在欧洲、亚洲和澳大利亚的 8 所大学担任客座教授，讲授竞争战略、企业家精神和创造性问题解决等课题。作为加入国际创新管理协会已有十年的会员，他主持了两年该协会的咨询委员会的工作，并始终在历次会议中担任"领头羊"的角色。

第一章　羊群和海盗

市场竞争中的羊群效应

如果你像我一样,对大多数大型企业的运营模式感到失望,或者你所在的公司正在面临着相当棘手的状况,那么这本书很适合你。我们收集了近十年的案例,试图帮助企业提升它们的客户体验,因为有太多的企业面对他们的客户只会"咩"地叫唤一声。这么说可能会令人不解,而产生这种现象的根源在于企业害怕投资失败而产生的过度补偿行为。我们经常发现,一家企业越大,它越会重视、保护和推进"羊群行为":保持一致、规避风险、确保数量安全,这些可能是大企业最为常见的、共通的价值观。有点讽刺的是,这些正是羊群的价值观。我们希望通过自己的工作,让我们的客户不仅仅看到我们只是市场中的一只羊。有时,我们成功了;而另一些时候,我们则不得不铩羽而归:因为有些大企业很乐意当一只羊,只要它们一直有草可吃。

可悲的是,只有少数大企业会优先考虑他们的客户,并把客户变成它们经营的救命稻草。一些具有战略眼光的公司捕捉到了环境的变化,而另一些公司却错过了市场的潮流,想要回头为时已晚。包括你的许多竞争对手在内,只有到了无法用传统手段提高回报率的关头,才会对客户体验感兴趣。继续用绵羊做比喻,如果你告诉大家"那儿的草更绿",你可能只会得到些许支持;如果你大喊森林的大火或恶狼快要来了,你却会得到更多的响应。提升客户体验的内在驱动是市场,我们相信市场,如果你也相信,那么这本书就是为你准备的。

当一家公司以顾客尊重的方式脱颖而出时,市场也会给予嘉奖。这正是客户体验创新的基础。你为公司的客户体验做得越多,顾客就越会倾向于选择你的产品,心甘情愿地付钱,并且免费帮你做广告。然而,难点不是如何找到顾客喜欢的东西,而是如何从人群中脱颖而出。我们发现,这一点也是令许多企业高管不安的地方。

我们将这本书的主旨类比为海盗行径,因为它所讲述的是如何应对新情况,以及如何改变现状。正如同公海上的海盗一样,客户体验是商业竞争中为数不多的相对未知且不受约束的领域之一。这并不是说这本书里讲的是不合法或不道德的事情,恰恰相反,我们相信,让客户满意就是打造良好体验,给他们留下值得分享的特定感受与回忆。然而,就像海盗的劫掠行径一样,客户体验的创新越是靠近血淋淋的市场前沿,越是容易获取更大的成功。这需要某种勇往直前和虚张声势的结合。而且,我们敢说,创新客户体验有时候看起来倒像是欺骗,因为成功常常意味着对既定市场惯例的挑战。

给你一个改变的机会

本书的主题即创新,内容涵盖一系列在企业中得到过真实验证的研究与策划方法。将本书中介绍的工具付诸应用,你将学会怎样为你的公司赢得竞争优势。当然,竞争优势有很多种,而本书要讲的是如何通过提供较优的客户体验获得优势。书中的很多案例都与大公司相关,这是因为它们更引人注目,与人们的联系也更加广泛。但实际上,书里介绍的方法适用于各种规模的企业,包括初创型企业。为了让读者更快速地找到与自己公司规模相匹配的内容,我们将这本书分为以下几个部分：

第一章对上述观点的合理性进行了具体解释。如果你想投入一定资本来改善公司的客户体验，但还需要更多的理由说服自己，你可以阅读本章；如果你已经对此确信无疑，那么你可以直接翻篇。

第二章的主题是市场竞争优势，它是战略规划的关键目标。这一章讲述了拥有竞争优势到底意味着什么。阅读第二章，你会了解什么是竞争优势，也会读到各种各样的案例，可以拿来与自己公司的战略规划目标做对比。如果你对如何将客户体验创新融入战略发展规划不感兴趣，或者你已经是竞争战略方面的专家，那么跳过这一章。

第三章讲述的是为深入了解市场环境所需进行的研究活动。这一章综合了多种研究方法，为读者提供了一堂速成课，介绍了如何将客户访谈、调研与数据分析相结合，如何在市场竞争的大背景下捕捉关键线索，以及客户旅程地图绘制、市场细分、价值驱动和市场定位方法等。对客户旅程地图、心理行为分割、蓝海战略和消费者决策模型熟悉的，可以免看这一章。

第四章介绍了用于识别和解决痛点的 TERMS 理论。这些工具对你实现客户体验的递增性创新很有帮助，某些情况下还能催生出颠覆式创新。如果你现在可以列出目前客户的痛点，但是还需要一些战术指导，那么这里会是一个很好的起点。这一章也能帮助你更全面客观地理解何为以客户为中心。对于正在利基市场寻找成本效益优势的小型企业来说，这一章的内容非常实用。现实情况中，大型企业仍普遍关注减少痛点，这一点颇令人失望，因为这意味着它们将会错失客户体验创新的长期效益。

如何快速查找关于痛点的案例和解决方案

我们将书中这样的小型案例研究都照此排版，方便读者查找。前面还有一个案例列表，你可以查找你想知道的特定公司或行业的案例。如果你想获得关于如何确认痛点的指导，请搜索标题中带有减号的案例。如果你想获取关于递增性提升或颠覆式创新的灵感，请搜索标题中带有加号的案例。另外，针对与客户体验相关的特定概念，我们使用了一些字母缩写。因此，如果你的问题与时间、情绪、风险、金钱、环境或者基于感觉的要素有关，你可以使用下面的缩写作为搜索词。

CX = 客户体验（Customer eXperience）

T + | T – = 基于时间的客户体验（Time based CX）

E + | E – = 基于情绪的客户体验（Emotion based CX）

R + | R – = 基于风险的客户体验（Risk based CX）

M + | M – = 基于金钱的客户体验（Money based CX）

S + | S – = 基于环境和感觉的客户体验（Situational or Sensation based CX）

第五章介绍了一些适合于有胆识之士的前沿创新方法。"高级用户"可利用这些方法推动公司改革，从而提供真正具有创新性的客户体验。使用这些工具的挑战性在于，它们固有的效能也是它们的弱点：你可以利用这些工具超脱于当前的市场范式，但是这种超脱也会将你的公司带入未知的水域。在那里，一面是发现新事物的兴奋；另一面是隐藏在危险中的挣扎，前者势必会被后者部分抵消。整本书中，这一章最具艺术性。

第六章围绕新兴客户体验创新举措的实施展开。这一章包括两部分：一是应对必不可少的变化；二是管理随之而来的复杂性。简单的改变极易被模仿，所以本章对于任何想获得客户体验创新战略的成功都至关重要。不可否认，想要获得持续竞争优势的客户体验创新是高度复杂的，易于实现的创新计划也容易被对手复制，这无疑会影响创新行为的有效寿命。

第二章　提升客户体验为何如此重要

价格压力、品牌资产流失、发展竞赛是企业面临的三大战略性问题，而客户体验创新是应对这三大问题的解决方案之一。

市场在供应过剩时就会出现价格压力，这是企业发展中最常见的第一个市场问题。历史上，市场一直处于供不应求的状态；然而，从长期来看，现代市场似乎总是趋向于产能过剩，这反过来又给供应商施加了压力，要求他们降低成本，以保持盈利空间和价格竞争力（以实际价值计算）。供过于求同时也促使企业竭力避免因产能过剩引发的价格压力。大量的学术研究表明，竞争性、营利性企业很难在实现成本领先的同时追求差异化的战略目标。选择差异化路线的企业通常需要实施市场营销策略。

市场营销一开始的目标是：让某一产品或服务的独特性与欣赏这种独特性的客户群相匹配。它为企业提供了一条避免价格压力的通道。为这种有价值的独特性命名或设计一个标识，就形成了品牌。品牌与感知有关，由于它所具有的潜在价值，市场的每一位参与者都试图将自己的产品品牌化。伴随越来越多的品牌涌入市场，参与者在提升和新建品牌时面对的压力日益增大。一家企业对品牌加大投资，其他同类品牌的效应就会随之降低，于是导致了与上述价格压力类似的恶性循环，其结果就是品牌资产流失。这是第二个市场问题。

发展竞赛是第三个市场问题。品牌的基础是感知差异，产品和服务的发展却意味着创造实际差异。理想情况下，品牌与发展应该是携手共进的，可在现实世界中，一些市场参与者打着品牌的幌子，编造发展良好的假象。而一些真正致力于产品和服务发展的企业也不能免俗，纷纷效仿那些更为成熟的市场供应商。结果，这再次导致了一种军备竞赛式的比拼，每个参与者都会持续开发产品或服务，以此回应自己的竞争对手。

价格压力、品牌资产流失和发展竞赛都是市场竞争系统性问题的具体表现。尽管较低的价格、有效的品牌、有用的产品或服务开发都是有价值的，但它们通常会被对手仿效，也就意味着这些手段仅仅是战术性的。真正战略性的解决方案很难被模仿，所以是可持续的。本书所阐述的客户体验创新即可归为战略性解决方案的行列，因为提供更好的客户体验需要管理复杂性，而有效管理复杂性的能力被证明是难以模仿的。下面这个案例说明了在当前以客户体验为中心的竞争环境下，市场为应对战略性挑战是如何演变的。

T+从"卖面粉"到"卖体验"

我们身处日新月异的体验型经济当中。想一想生日蛋糕这门生意的演变史吧：20世纪40年代，母亲们通常从基本配料开始，做一个生日蛋糕，总成本不过几美分，这个市场的成功只取决于配料的质量如何、购买是否方便，以及价格高低。第二次世界大战以后，经济发展趋势让女性走向职场，她们在家的时间越来越短。到了20世纪60年代，来自澳大利亚的White Wings和美国的Betty Crocker等公司开始销售预先混合好的蛋糕配料，但也只卖几美元。尽管几美元的预混包装比基本配料贵10倍，但它们节省了母亲们的时间，让她们得以继续烘焙出于自己之手的蛋糕。原有配料市场仍然存在（销量降低），但即使是世界上质量最好的免费配料也无法再与预混包装蛋糕配料相抗衡。20世纪80年代，服务型经济时代到来，父母拥有的闲暇时间更少了，母亲们（这时也有父亲）会直接从商店预订或购买已经做好的蛋糕。同样，这比预混配料贵10倍，可是很多父母已经不会烘焙，或者即使会也不愿意为此花费时间了。以前的原材料市场和预混包装市场依然存在，但谁也竞争不过作为一种服务的蛋糕制作生意了。到了20世纪90年代，需求再次转变，父母开始把孩子的整个生日聚会外包给快餐连锁店或适合家庭活动的场所，于是市场也随之改变，如今它们要提供的是生日聚会的体验。具有讽刺意味的是，生日聚会（比提前做好的蛋糕贵10倍左右）经常包括免费蛋糕。随着时间的推移，几乎每个市场都呈现出从数量需求（我需要做一个生日蛋糕）到质量需求（我需要即时的生日体验）的相同模式。处理这个长期问题就是战略的全部内容。

在大多数市场中，竞争压力推动新型改良版产品的开发。随着时间推移，每款新产品都具有某些附加的功能和特性。尤其在工业化程度较高的领域，每一代产品都比上一代功能更全面。从战略角度来看，增量式产品开发无法提供可持续的竞争优势，最多只能获得暂时的优势，在最坏的情况下，它们难以为继，并将最终摧毁资本。如果走得太远，我们就称之为"急遽特性"。

当增量生产步伐过快时

自1901年成立以来，吉列公司花费了数十亿美元研发一次性剃须刀产品。两年后，吉列公司推出了第一款使用新型一次性刀片的安全剃须刀。在此之后，人们研制出各种型号的剃须刀，但几乎没什么变化。直到1956年，第一款"可调节"剃须刀问世，由于它的刀片在使用时可以转动，因而提升了剃须体验。到1986年，这款剃须刀一直在生产，区别只是样式不同而已。1990年推出的Sensor双刃剃须刀系列产品使用了29项专利技术，而Mach3三刃剃须刀系列更是拥有35项专利。虽然吉列公司在新产品研发上取得了前所未有的成功，但它现在可能也已经意识到，通过增加新刀片为产品赋值的方式正在接近极限——最新的吉列剃须刀有五个刀片，但它还不是最多的，有一家竞争对手生产的剃须刀上装的刀片更多！

多乐可是一家韩国剃须刀制造商，它在2015年推出的Pace 7剃须刀有七个刀片，还使用了一种叫作"威尼斯流"的专利冲洗技术。这听上去有点荒谬，为了方便读者理解，我们可以拿另一种过度开发的增量式产品作类比：《洛奇》系列电影。1976年，第一部《洛奇》电影上映，接着是一系列续集，每一部都比上一部更加戏剧化：《洛奇2》（1979年）、《洛奇3》（1982年）、《洛奇4》（1985年）、《洛奇5》（1990年）、《洛奇·巴尔博亚》（2006年）和《奎迪》（2015年）。比较两者，1979年，《洛奇》已经出到了第二部，但当时的剃须刀只有一把刀片，可以说前者占了上风。《奎迪》（又名《洛奇7》）的问世表明《洛奇》系列电影和剃须刀行业比起来还是占优势的，因为2014年吉列发布的ProFusion产品只有五把刀片。考虑到现在西尔维斯特·史泰龙已经70多岁了，如果哪家剃须刀生产商能想出如何将八把刀片塞进塑料把手，那么剃须刀行业还有可能在这场比赛中大获全胜！言归正传，这里真正想说的是，剃须刀和《洛奇》都获得了财务回报，却都没有创造持久的竞争优势。

也许，拿吉列和电影《洛奇》对比还是太牵强了，因为刀片的质量越来越高，但《洛奇》的质量却逐步下滑。今天的剃须刀比以往任何一部剃须刀都要先进，但第一部《洛奇》却是这一系列电影的高峰。然而从客户体验的角度来看，很难理解为什么市场迄今为止还在一直增加新的刀片。一把七刃剃须刀能比双刃剃须刀好到哪里去？吉列可能会说，七刃剃须刀的科技含量更高，性能更好。然而，在剃须刀市场，吉列的产品开发和专利战略并没有使它免受市场竞争者的侵害。最近显示的结果也并不乐观，2014年，全球一次性剃须刀的销售额下降了3.6%。

吉列公司和《洛奇》的现象就是西奥多·莱维特在1960年描述为"营销短视"的具体例子，后来克莱顿·克里斯坦森在他所著的《创新者的窘境》一书中对此展开说明。这两位战略专家均断言，阻碍企业实施新战略的最大障碍就是当前战略仍然有效。对成长中的企业而言，它们不愿意投资比自己的惯常做法更具风险的新战略，尤其在新战略有可能蚕食旧利益时更是如此。它们更倾向于选择当前战略的延伸。相较而言，做创新做得最好的公司是那些做好准备放弃现有现金牛的公司。在这方面，英特尔的奔腾和赛扬处理器提供了很好的例子。

英特尔的奔腾和赛扬处理器选择了很高明的策略（下文将介绍），销售人员可以通过两种方法拿到客户订单，或者是奔腾的性能，或者是赛扬的价格。当时，英特尔内部担心赛扬可能会影响奔腾的销售量。从战术层面讲，奔腾的定价高于赛扬，利润空间更大；从战略层面讲，赛扬并未完全开发出比英特尔速度更快的处理器，这似乎与电脑芯片市场的竞争策略相悖。如果英特尔效仿吉列在剃须刀中增加更多刀片的策略，它完全可以继续开发速度更快的奔腾芯片。但时任英特尔总裁的安迪·格鲁夫为赛扬处理器的开发提供了这样一种合理性解释，即当时奔腾已经处于市场领先地位，如果他们不推出一款比奔腾便宜的产品，那么早晚有一天别的竞争对手也会这么做。也就是说，格鲁夫去除奔腾的某些性能，然后生产出了赛扬。

格鲁夫的思路比简单的增量式生产更加"以客户为中心"：他希望顾客在采购个人电脑组装机的芯片时，可以尽可能地简单。因此美国超威半导体公司（AMD）最终几乎被挤出了芯片市场。下面这个案例告诉我们，购买体验如何既具有理性的成分，又具有情感的成分。我们相信，主观情感的成分对于B2C市场的消费者更加重要，在此意义上，市场定位至为关键。

E + 英特尔的反直觉选择

20世纪90年代，计算机微处理器市场在很大程度上是英特尔和AMD之间的双寡头垄断。英特尔拥有更大的市场份额，因为它能开发出速度越来越快的芯片，这使AMD成为消费者购买个人电脑芯片的第二选择。原理非常简单，速度最快的芯片就可以获得最好的价格和最大的利润。随着软件制造商在它们的程序中开发出更多的功能，对芯片处理能力也提出更高的要求，于是芯片速度的每一次提高也会随之被迅速吸收，再被迅速淘汰。微软和英特尔似乎已经密谋好，一个人要想跟上潮流，每18个月就要购买一台新电脑。英特尔始终领先于AMD，确保了它持续的市场份额优势，这也是为什么英特尔的赛扬策略在当时看来是违反直觉的。

赛扬处理器于1998年4月推出，是针对廉价个人电脑的低端芯片。和奔腾比起来，赛扬的内存空间更小，指令集更少。两种芯片均可运行相同的程序，但赛扬的性能较低。在此基础上，赛扬的定价更为划算，尽管这两种芯片的集成电路制造成本其实差别不大。推出赛扬的真正目的在于，为英特尔的客户提供了一个明确的选择：更贵但是速度更快的奔腾，或者更便宜但是速度稍慢的赛扬。奔腾是最先进的处理器，赛扬则更符合理想预算，只想连接互联网上个网的新用户可以选择后者；而AMD被夹在了中间。

市场定位涉及价格和质量

上述案例的核心问题是市场定位。市场营销的目的就是传播商品的有用性和感知价值，而感知价值又来自感知质量和客观价格之间的比较。在下图中，A是低廉定价，B是合理定价，C是溢价定价。

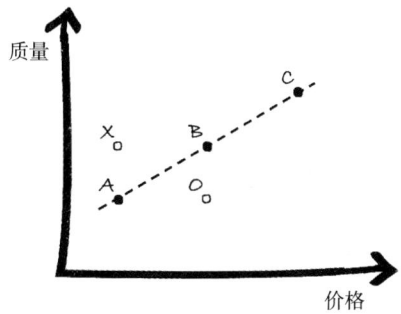

在航空旅行中，A、B、C三者分别对应经济舱、高级经济舱、商务舱的座位。由于大多数航空公司都提供这三个价格点，航空公司的品牌就不那么重要了。酒店有三星、四星和五星级的评级，单个酒店品牌的重要性也因此降低。像喜来登、希尔顿和逸林这样的酒店，因为要和一级方程式酒店或美居酒店合并，故对客户满意度提出了更高的要求。汽车行业中，A、B、C对应的就是大宇、迷你和奔驰。总之，具体哪个市场并不重要，重要的是A、B和C三种品牌界定了市场价值的边界。在上图中，O和X代表了两种"挑战者"类型。

这两类挑战者指的是A、B、C三个档次已确立后进入市场的新产品或新品牌。品牌O在推出后会表现不佳，因为消费者会认为它的质量没有比A高但价格却比A贵，和B价格相同但质量又比不上B。相反，品牌X将会在市场中胜出，因为它是相同价格、更高质量版本的A，或相同质量、更便宜版本的B。并且，品牌X的出现将极大破坏A的地位，迫使B调整价格，因为这时，品牌C和品牌X形成了新的市场边界。上图还告诉我们一个重要结论，那就是客户是在比较中决定所选品牌的，而在上图展示的市场情况中，X是大多数公司想要达到的位置。

要想成为品牌X，有两种途径，或者在B的基础上降低价格，或者在 A 的基础上提升质量。据我们所知，许多公司试图把这两点都做到：一种途径是财务和运营部门尽可能地降低成本，成本越低，价格也就越低。但这只是最低一级的解决方案，因为折扣是负和游戏，你的竞争对手也可以降低它们的价格，那时每个在市场上销售的人都将蒙受损失。另一种途径是提高产品质量。市场营销部门维护好品牌代理机构，并推动产品质量的改善。从长远来看，提高质量推动价格上涨是二级解决方案，因为市场销售的每个人都希望获得更高的利润，这也是公司花钱开展营销业务、巩固代理机构的基本前提。

然而，价格具有客观可比性，质量却不会有立竿见影的差别。质量部分是主观的，因为对于购买该产品或服务的顾客而言，质量高低涉及与他们期待、需要或希望达到的结果之间的比较。顾客之间的期待、需要或希望各不相同，这就是为什么一个人认为的高质量产品可能根本不适用于另一个人的缘故。有些产品或服务的质量如何，必须通过购买才能得到验证。还有一些时候，即使顾客购买了某一产品或服务，也不能成为未来使其重复购买的质量标准。因为购买和使用经验拓展了顾客的考虑范围，他们有了自己以前不知道的新需求，提高了自己以前设定的质量底线。

约瑟夫·朱兰博士是 20 世纪 90 年代全面质量管理理论的先驱，他把质量定义为产品在设计、一致性、可获得、安全性和现场使用等方面的合用性。可以说，这一定义更紧密地综合了顾客考量的各个方面。

朱兰对质量的定义是狭义的，因为合用性的概念虽然是针对顾客的，但仍被认为是客观的、可测量的。在朱兰的质量世界里，公司要想竞争，就必须达到某种可被测量的质量标准，但这恰恰忽略了营销人员和公司战略层希望提高产品质量的关键原因。产品质量应该支持更高的利润率，但如果质量是客观可测量的，那么市场竞争将会简化成在逐级提高的标准水平上的价格战。以会计行业内在的质量问题为例：特许会计师（CA）和注册会计师（CPA）的认证都是为了确保取得该资质的从业人员比仅有商学士学位或同等学力的人员工作能力更强。但问题在于，有 CA 资质和有 CPA 资质的人员之间仍然存在价格竞争。为了收取更高的价格，这些会计师需要发挥某些主观、感性的优势，提供更高质量的服务。这时就需要宣传他们的个人品牌，或者更常见的是宣传公司品牌。因此，普华永道和安永之所以比你们当地的特许会计师贵得多，是有原因的——它们拥有品牌资产。

品牌价值来自产品质量的声誉

几个世纪以来，人类社会的品牌概念已成为一个强大的营销基因。在当今市场的理想情况下，好的品牌就是一个令人信服、可完美兑现的承诺。但品牌并不是从一开始就是这样的。最初，品牌被用作所有权的法律标识，主要用在牲畜身上。所谓品牌，实际是指动物身上一个烧烫的痕迹，用来防止小偷卖偷来的牲畜。但是慢慢地，品牌所传达的意义发生了变化，从确认真实性变为表明高品质。随着时间推移，一些农民因饲养质地或口感更好的优质奶牛而声名远播，当他们卖出自己的奶牛时就可以收取更高的价格。这些农民的良好声誉产生的溢价效果使代理商同样从中获益。因此，这个品牌开始代表个人声誉，甚至成为卓越品质的标志。不久，其他生产商也开始效仿，用品牌将声誉和质量二者联系在一起。

聪明的工匠用他们的标记给产品打上烙印（后来成为我们今天所知道的"商标"）。如果你喜欢从某个特定的鞋匠那里买鞋子，或者从某个特定的陶工那里买骨灰盒，你就可以通过识别制造商的标记来确定这些货物的真假。得知这是你的邻居所信任的鞋匠或陶工的品牌，你可以购买相同品牌的商品，而不用再仔细评估这些商品质量如何。对于技术熟练、声誉稳定的制造商，品牌成为一种区分自家产品的营销方式。有了品牌，他们就可以凭借高超的技术，为高质量的产品收取更高的价格。于是，一件商品的客观质量因知晓它由谁制造这样的主观因素而得以提高。

某种程度上，拥有商标的商品显得更好、更有价值，尽管有商标和没商标的商品在外观上看起来可能完全相同。商品和牲畜的区别在于，牲畜容易腐烂，所以牲畜的品牌与质量关系十分密切。相较而言，耐用品的质量和品牌联系得不那么紧密，以致后来品牌知名度变成了所有商家希望顾客了解的指标，而不是对产品质量的确信。这实则是对品牌的滥用。

品牌炒作的捷径不可靠

品牌作为一种策略如此有效，导致一些还没建立声誉的工匠复制其他更成熟制造商的标识，借此假冒更高质量的产品。很快，这一行为被定为非法，直到今天仍然如此。还有的工匠采取另一种方法，他们在还未广为人知以前，就为自己的产品创建了原创品牌。他们抢先征用了自己尚未建立起的声誉，以期自己的品牌知名度足以促进商品销售。销量足够大时，自然会让他的品牌更加稳固。假设顾客得花上很长时间才能发现其中细微的差别，工匠们当然会不遗余力推广他们的新品牌，而不是花上几年时间埋头打磨产品质量。因此，品牌最重要的不是反映产品内在质量的真实信息，而是它的抓人眼球。

在某些节点上，为了避开价格竞争和产品性能竞争，一些成功的市场参与者将它们的竞争焦点转向产品的设计、品牌的建立和开发等。在这个全球化、网络化、不受时空限制、全渠道畅通的世界里，营销推广遍布各处——网络上、屏幕上、展板上，无时无刻、无孔不入。营销的内在原因是几乎每个细分市场都出现了产能过剩。新品牌不断涌现，都希望自己能抄近路，迅速崭露头角。可实际上他们的品牌没有任何实在的东西做根基，充其量不过是炒作。一个经典的例子是，一个人可能对某个产品一无所知，但他对该产品却非常认同。今天，手工艺品的市场营销，尤其是时尚界，很大程度上靠品牌宣传，目的就是增加顾客对其产品质量或期望值的感知，哪怕产品本身并不具备它所声称的差异性。

"你可以给猪涂口红，可它仍然是猪。你可以把一条老鱼裹在一张纸里，叫它'变化'，可八年后它仍然会臭味熏天。"2009年，时任美国总统贝拉克·奥巴马在批评反对党政策时如是说。

品牌炒作可不是什么创建品牌故事之类的美好又充满创意的工作，它是试图通过暗示或联想误导客户进而牟利（参见下面的"nakd"案例）。品牌炒作是有风险的，它可能会破坏品牌忠诚度和公司信誉。明智的选择是让品牌实事求是、毫不夸张地讲述关于客户体验的真实故事。能够做到这一点的公司能创造持久的品牌价值；不这样做的，就会导致其品牌失去差异化能力，沦为纯粹的保健因素。最坏的情况下，市场营销的工作反而会向顾客证明，购买我们的产品是一种糟糕的选择。

E–nakd 饮用水

nakd是一家新西兰饮用水公司，它使用"极简"的品牌定位来表明所生产饮用水的纯度，并因此定价更高。他们的品牌也走极简路线，去掉了一个元音（译者注：去掉了naked中的e），字母也全部小写，显然是因为他们认为越少的就是越好的。下面这段话是从他们的官网上直接摘抄的："我们选择nakd这个名字，是为了反映我们生产的饮用水的纯度和味道（中性的、无味的）。nakd奢华自流水是纯天然的，瓶中的水100%未被接触，直到您打开它的那一刻。"当你读到这段话时，你可能会立刻怀疑这瓶水价格不菲，尽管你浏览完公司的网站后发现他们卖的不过是水而已。这里的问题是，品牌是站在公司的角度创建的，而不是站在顾客的角度。

问题的核心在于，营销究竟是为了谁。代理商和营销人员相信，品牌之所以被创造出来，是为了帮助消费者更好地选择该买什么。表面上看这是对的，但事实上，公司在品牌营销上花钱，为的不是消费者的利益，而是因为它们希望创造更大的利润。从这个角度看，品牌化最终会使产品或服务看起来更有价值或更可取，而不会让它在客观层面上变得更好。

在nakd的网站上，有一些用来传达其品牌理念的图像，其中一幅壮丽的风景照十分显眼。前面是一片闪烁着蓝色光芒的广阔湖泊，延伸到画框之外。背景是一座白云覆盖的雪山，它离得如此之远，就如同在地平线上，远方微微泛着蓝色。这张照片和nakd的品牌承诺紧密相关，但如果你再仔细想一想，它完全破坏了信任。

水开采自地下。nakd用一张新西兰山脉湖泊的照片形象，旨在将水与纯净、美丽联系起来。然而实际情况却是，饮用水是通过管道从泥土中抽出，再转移到瓶子里去的。瓶中的水既不来自山顶的雪，也不来自湖中的水。

nakd的产品还包括用聚对苯二甲酸乙二醇酯（PET）制成的、外表看上去像玻璃的塑料瓶。根据网站的内容，这些塑料瓶也不一般："我们的瓶子光滑而优雅，为您提供完美的饮用体验。我们希望创造一些东西，不仅品味和外表令人惊叹，还要抓住我们品牌的精髓，越简单的就是越高级的。我们的瓶子设计独特，还包括盲文，我们借此传达这样的理念，你并不一定要通过眼睛去欣赏美好的事物——美丽来自内在，你只需要撕掉标签，去相信这瓶中的饮用水。"

在一个具有批判性思维的人看来，这里对盲文的使用似乎有些造作，对信任的呼吁也显得不自然。还有更糟糕的："经过大自然长达50年的过滤，自流水中含有世界上最多的胶态二氧化硅。几个世纪以来，作家们一直在浪漫地歌颂着神奇的'青春之泉'。鉴于nakd具有抗衰老的特性，这个传说也许并非毫无根据，因为胶态二氧化硅已被科学证明能够减缓老化过程。"结论就是，喝我们的地下水吧，因为没有过滤掉沙子，可以减缓你的老化过程。所有的措辞都表达得很神奇，但没有突破法律的约束力。

应该说这更像是心理操纵术，其目的仅仅是卖水。但是有些人最初并没有意识到这一点，他们很乐意花高价去感受nakd奢华自流水的纯度，直到另一个客户告诉他们不要这么想。这种大肆宣传的营销方式在消费者心目中已经不再占据主导地位，但它就像童话中"皇帝的新衣"般始终存在。企业是时候考虑其他方法了，下一个层次的市场营销应该更加关注其潜在的自身矛盾，并通过创新化解这些矛盾。

市场营销在21世纪蓬勃发展，并在过去十年的全球性金融危机中幸存下来。尽管有许多公司都致力于从根本上改善自己的产品（或者通过创新引领潮流，或者通过模仿追赶行业领先者），但仍然有公司还在近乎疯狂地关注营销传播，试图仅在感知层面改善产品。它们被称作"疯子"并非毫无缘由，这种疯狂的行径就是借假象吸引消费者的注意力。

以市场为导向的产品或服务也会在情感层面占领消费者的心智。正如20世纪70年代的高露洁牙膏，由著名的马什夫人扮演的那则将液体混进白垩粉的广告一样，第一个出现的品牌会给人留下难以磨灭的印象。后来的挑战者要想取而代之，除非拥有更大的吸引力，这时就需要营销创意和产品创新。因为促销现有产品往往比开发新产品成本更低，所以现在，品牌、标识和商标常常被视为产品本身；

如果没有品牌或商标，这些产品就会和其他同类产品毫无二致。但随着越来越多的顾客在网络上发布自己的消费体验，纯粹依赖品牌的作用正在日益减弱。品牌应该建基于真实性之上，这一趋势不可阻挡。

人们越来越多地以平等的方式分享各自的观点和经验。当某些产品或服务不像它们炒作得那么好时，有些消费者会毫不留情地指出来。当实际产品无法支撑起品牌的承诺时，消费者对它的信心和满意度就会大打折扣。例如，苹果公司的用户可以光明正大地宣称自己对苹果的热爱很理智，而且坚信自己不会摇摆不定，因为苹果为了维护自己的品牌做出了足够多的创新。但是最近，就连以关注客户体验著称的苹果公司也开始创新它的客户体验了。

E – 苹果客户体验的变化

就建立专有产品、服务和内容的生态系统而言，苹果公司可谓是先锋。生态系统意味着软件、硬件和内容的高度一体化。苹果公司的产品包括手机、电脑、平板电脑和电视等设备，以及从 APP 到 iTunes 的大量软件应用。生态系统的架构确保各种不同的元素可以无缝结合，因此苹果用户更倾向于选择该生态系统内的其他产品。这种便利性为苹果创造的客户黏性比签订任何合同都更有效，还能从第三方供应商那里获得分成。苹果从 APP 开发商那里收取 30% 的利润，从生产苹果兼容产品的原设备制造商那里获得许可费，甚至在苹果客户通过苹果电视观看 Netflix 电影时赚取订阅费。以前苹果希望每两年可以向客户销售一部手机，而现在苹果每年仅通过 APP 和内容就能从一位客户身上收获数千美元，简直是大赚特赚。用生态系统维持住客户应该说是苹果最明显的优势，但是，最近出现的软件失误和电池问题引发了客户对苹果的不满。最新出现的是跨生态系统的双重认证（2FA）问题：

一些苹果电视强制安装2FA，却没有确认安装的选项，如果这时客户点击"立即联系客服"，还要另外向苹果客服支付39美元。

当苹果为用户制造出这样的烦恼时，它就处于危险的境地了。这对苹果的营销体系大为不利，倒是帮了竞争对手一把。苹果公司最不愿面对的就是打破设备与内容一体的生态系统，然而它似乎忘记了，糟糕的安全设计和客服收费也存在将客户赶走的风险。

客户体验提升有利于品牌增值

提高产品的感知质量，更高阶的方法是将营销和创新相结合，通过改变和拓展"延伸产品"的概念，基于客户体验抵达下文所介绍模型的第四层级。该模型的原始版本包括核心产品、实际产品和延伸产品三个层级。在这个版本的模型中，核心产品甚至算不上产品，而是客户对自己想要的产品和服务的期待、需求和希望的集合，他们希望这些需求和期望能够被满足。实际产品或服务就是客户买来可以满足其需求和期待的东西。在客户体验中，这是购买行为理性的方面。通常，市场上还会有一类延伸产品，这些产品一般是在实际产品的基础上多一些附加功能，从而更加方便顾客使用。这一层级既有理性成分，也有感性成分，一般情况下，顾客只会对该产品是否符合自身情况做出主观评价。最后，在这个模型的最外层，还有一个总和式的体验——在顾客的心目中，他们的消费体验完全变成一种情感上的主观感知。这一层是顾客所认为的消费意义之所在，代表了顾客对该产品的感觉，也是他们可以拿来与他人沟通的记忆。这就是客户体验层，正是它决定了顾客对某个特定品牌的态度究竟是贬损还是拥护，决定了顾客是否会后悔此次消费行为。神奇的是，如果有好的客户体验，哪怕是一次失败的消费，也能在顾客那里变得合情合理，客户体验越好，顾客的认同度就越高。

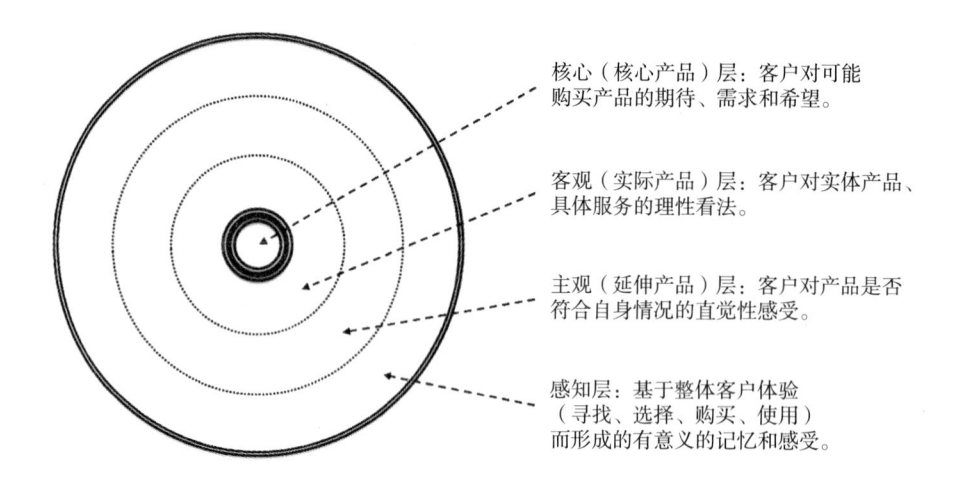

核心（核心产品）层：客户对可能购买产品的期待、需求和希望。

客观（实际产品）层：客户对实体产品、具体服务的理性看法。

主观（延伸产品）层：客户对产品是否符合自身情况的直觉性感受。

感知层：基于整体客户体验（寻找、选择、购买、使用）而形成的有意义的记忆和感受。

以特斯拉 Model S 汽车为例，其核心产品可能是出行工具、名誉声望、娱乐性和环保主义，实际产品就是汽车本身；延伸产品包括维修、担保、汽车清洁、充电站、保险、注册、培训和停车服务等。针对不同客户，核心产品所指也不尽相同，在实际产品或延伸产品中，汽车立体声、车载电话或全球定位系统也可能包括其中。而研究、驾驶、拥有和分享特斯拉 Model S 汽车的体验又是所有内部层的集合，包括特斯拉令人惊叹的加速度、没有任何发动机噪声、没有找寻充电桩的困难、驾驶时不产生任何废气的道德优越感，以及拥有最尖端产品的荣耀感等。这些都是客户在其他汽车身上所没有体验到的。

客户体验创新在这四个层级上都能起作用。在核心产品层，客户体验重新定义什么叫作可能；在实际产品层，客户体验创新意味着新产品或服务的开发；在延伸产品层，客户体验创新意味着服务水平的提升；在最外面一层，客户体验创新则指向消费者评价产品或服务的方式。从这个模型中可以看出，客户体验创新可以放大营销的效果，因为模型中的其他因素都潜在地支持营销传播。因此，客户体验创新实际上是催化和扩大品牌影响力的关键。

体验并非不可捉摸，它像任何商品或服务一样真实。令人失望的是，很多公司仅仅将体验包裹在产品的外层，希望以此提高销量；更糟糕的是，有些公司连这一点都做不到。下文中的英国福特汽车公司就是一例：

S+德博诺关于收购停车场的建议

……汽车不再仅仅是工程学的事情……还包括购买、出售、投保的能力……安全和防盗的性能……甚至涉及在城市里是否容易停车的问题。我曾经向英国福特汽车公司建议，让他们收购一家拥有大不列颠群岛绝大部分城市中心停车场的公司，买下之后只允许停福特公司的汽车。日本的本田和尼桑就采用了这个点子，后来他们将此做法传播到全世界，对此我毫不意外。

要想最大限度地获得创造型体验的收益，企业必须有计划性地策划某些参与型体验，以此实现净收入和利润的显著增加。从卖服务到卖体验并非易事，除非企业希望从事商品销售环节的业务，否则它们必须将其产品提升至经济价值链的下一阶段，即确保自身的竞争优势。

第三章　了解竞争优势

不论你研究哪一个行业，最令人大跌眼镜的事情之一，就是很少有企业具备真正的竞争优势。原因可能在于，一些公司高管或许能理解什么是真正的竞争优势，如果你让经理们来定义这个词，得到的答案会是五花八门：

"公司要有一个好的品牌""产品或服务要产生高利润""选址很重要""需要有很优秀的人""重点在于专利技术""是更低的资本成本""关键在于品质控制""它必须是最低成本生产者""就是要控制风险"，等等。

事实上，上述要素中的任何一个都可以成为竞争优势的基石，具体取决于实际成本和收益。所有的竞争优势都可以起到增加销售收入或降低生产成本的作用，但这不是我们要考虑的唯一因素。建立竞争优势的初始成本也是一个重要因素，要以一种投资的心态来应对。你需要考虑的是，投资公司的某一特定方面能否让你的公司与主要竞争对手之间产生足够的差异，进而获取高于行业平均水平的投资回报，并能根据风险加以调整。如果是，那么你就拥有了竞争优势，或者称之为胜势。

EDGE——竞争优势的四大要素

一家企业是否真正具有竞争优势，需要对以下四个要素进行验证。

1. 额外（Extra）：公司因具备该优势而获得额外收益，不管是因为额外的销售量、更高的单价，还是更低的生产成本。

2. 差异（Difference）：为公司创造额外收益的因素最好独属于这家公司，最多只能与一或两家竞争对手共享。

3. 增长（Growth）：对上述差异化因素的投入所获得的回报使公司价值得以增长，其回报投入比要高于行业平均水平。

4. 持久（Enduring）：最好的竞争优势就是竞争对手难以企及的方面。一般来说，时机很重要：有些公司利用先行者优势，另一些公司则依靠随时间逐步累积起来的优势。

竞争优势有很多，良好的客户体验就是其中一种。许多企业发现，顾客很乐意为更好的服务多花一点钱，或者在价格差不多时，他们会更青睐那个提供更好体验的供应商。客户体验也是顾客最喜欢讨论的一点，那些喜欢做"口碑传播者"的顾客是企业很有价值且非常有效的营销资产。通过良好的客户体验吸引"口碑传播者"的过程相当复杂，但正是因为这种复杂性，也因为真实的体验难以随便复制，才使客户体验的优势经久不衰。

识别六种竞争优势

竞争优势有多种形式，把它们分成下面六种类型更便于读者理解。

1. 实物：这一类优势通常与公司基础的不动产或有形资产相关。B2C 的优势可能是丰富的自然资源、足够吸引人的美丽风景，或处于某个交通要道的地理位置。因为人流量大自然导致销售量上升，免去增设更多销售点的麻烦。B2B 的优势往往涉及所在地对生产的影响。对于农业初级生产者来说，气候优势就显得尤其重要。例如，法国香槟区和勃艮第地区的土壤条件大大提高了葡萄的产量；南美洲阳光和雨水充沛，糖类作物一年三熟，生产成本大幅降低。

2. 口碑：品牌资产和品牌优势对提高 B2C 公司的销售额大有裨益。在 20 世纪 80 年代，耐克 Air 系列篮球鞋的零售价比锐步、阿迪达斯、新百伦等竞争对手品牌高出 30%~50%，其他品牌如乐天、圣康尼、鬼冢虎、布鲁克斯等更不是对手。但是，这些鞋商都有自己的一席之地，它们的名字也能带来一定的盈利。B2B 公司中创造出绝对竞争优势的少之又少，20 世纪 80 年代的 IBM 算是一个特例。当时 IBM 享有令人艳羡的口碑，声称"从来没有人因为购买了 IBM 产品而被解雇"。另一种现象是，品牌打出去之后还能让成本降低的公司更是凤毛麟角。

3. 组织：企业的组织管理深刻影响其生产成本，以及能否提供具有差异化的产品或服务。这一范畴主要是指人们平常所说的硬件管理，如结构、流程和系统等。目前，一些著名的网络公司创建了平台，通过连接双边市场而获利，例如 eBay、Seek、Uber、Booking.com 和 Airbnb。与传统酒店的竞争对手相比，Airbnb 为顾客提供的房间成本更低、服务更好。一般来说，住在 Airbnb 不仅更便宜，而且空间更大，还能享受厨房或洗衣房这样的额外设施。一方面，该公司成功之处在于，它抓住了一批供应商群体，这群人很乐意以比酒店更低的价格租出他们的房间，原本这些房间不长期租出去的话就要被闲置，而现在他们可以利用这种途径实现资产增值。另一方面，Airbnb 是一个非常具有成本效益的营销渠道，非常适合临时寻找住宿的人，降低了他们深夜找不到房间的风险。于是，这家网络公司拥有了下面这些竞争优势：买家来到这个网站，因为它有最好的产品；卖家来到这个网站，因为它能吸引所有的买家。这种自给自足的良性循环被称为"网络效应"，一旦一家企业被确立为某垂直领域的领导者，它就能让网络的双边市场变成活跃且相当赚钱的盈利场。

4. 财务：尽管全球金融市场在中期内趋向于成为下游玩家的竞技池，但资本获得和资本成本仍旧是具有竞争优势的潜在领域。当然也有例外，比如著名的澳大利亚国家银行，它能用比许多当地竞争对手更低的成本筹集到资金，所以它不像澳大利亚联邦银行那样依赖客户缴费。它甚至还鼓励昆士兰银行、本迪戈银行等小银行聚焦个人客户服务，好磨炼自己的本事。对处于萌芽期的初创企业而言，天使投资和风险投资非常重要，亚马逊发展壮大的故事提供了一个很好的样板。与许多别的初创企业创始人不同，亚马逊的创始人杰夫·贝佐斯以更少的股权筹到更多的资本，股息发放的时间比竞争对手们更晚。结果就是，现在的亚马逊无论在规模、品牌还是基础设施方面都具有优势，使它得以主导线上图书市场。不过值得一提的是，Kindle电子书的出现在很多方面扰乱了原来的出版市场。

5. 人员：如果说上面说的都是组织范畴（与硬件管理相关）的概念，这里所讲的则关乎企业中的人，包括所有与人有关的事情，如人才的招揽、留任、积极性、技能、领导力，以及由人所组成的团队、群体、文化等。管理人是很多企业面临的最大难题，尤其是那些偏爱理性管理的金融和工程类人才，他们就像是又贵又不可靠、变化无常还干不好活的设备，虽然不是简单的人力"资源"或生产要素，也不会出现在资产负债表上，但他们随时可以离开，带走很难被取代的宝贵知识和技能。他们可以让客户对公司好感倍增，也能让客户在一夜之间失去对公司的好印象。在绝大多数公司创造的客户体验中，人是关键因子。不管是在戴森公司发明了更好的吸尘器的天才工程师，还是在谷歌开发出更快搜索算法的技术鬼才；不管是辉瑞公司创造伟哥的研究人员，还是3M公司里充满创意的怪异文化（它的目标就是生产矩形产品，如磁带、便签、砂纸、电子屏等），最终都是人在创造产品，是人在打造竞争优势，也是人在不断地节省成本。客户体验与人的范畴最为相关的原因在于，每家企业都离不开人与人之间的交互，客户体验常常发生在不同的触点，而这些触点都是由人促成的。

6. 技术：不管是 B2B 还是 B2C 公司，最显而易见的竞争优势就是专利。辉瑞公司研发的西地那非（市场上叫"伟哥"）为公司创造了巨大的收入增长。辉瑞在美国的专利保护到 2020 年 4 月结束，但 Teva 制药公司获批于 2017 年 12 月在美国推出其仿制药。专利技术的创新往往带来成本的降低，一个著名的例子就是 20 世纪 50 年代末，英国皮尔金顿兄弟公司首先研发出的浮法玻璃生产工艺。熔融玻璃连续不断地流入锡液表面，并在重力的作用下在锡液面上流动、铺开。通过这种工艺，可以生产出更大的窗户玻璃，而且比用以前的老工艺更加平整。很关键的一点是，使用这一工艺意味着不需要再对玻璃进行抛光，而且能够连续生产，因而降低了生产成本。浮法玻璃生产工艺就是"学习曲线"法则的例证之一。一般来说，随着公司生产越来越多的产品，它们会逐渐学会如何降低成本（不论生产规模大小），这一学习的过程不需要专利化，同样也能提供竞争优势。技术类竞争优势的另一种主要表现形式是商业秘密，既包括降低成本的技术，也包括增加收入的秘诀，比如肯德基混合了 11 种草药和香料的配方就属此列。

亚马逊是如何打造多重竞争优势的

亚马逊是当今世界最大的网上零售商，年均销售收入 610 亿美元，员工 9.7 万人。而在 1994 年，杰夫·贝佐斯在自家车库，用他父母的毕生积蓄开启了这项事业。当时，他意识到互联网用户量正以每年 23 倍的速度在增长，而图书是极度适合在网上销售的商品。他告诉父母，如果他们投资这笔生意的话，投资的几十万美元有 70% 的概率拿不回来，但他的父母还是选择了投资。1995 年，亚马逊从 KPCB 风投公司（Kleiner Perkins Caufield & Byers）筹集了 800 万澳元，后于 1997 年上市又融到额外的资本。两年后，KPCB 公司的股票市值增长了 550 倍以上。

一开始时，杰夫·贝佐斯凭借他令人惊叹的个人能力（人员优势）筹集到了资金，让亚马逊具备了极强的竞争力（金融优势）。在 KPCB 投资的两个月里，亚马逊的销售额就达到每周 2 万美元。尽管如此，公司始终为自身壮大持续再投资，直到 2013 年才真正开始纯盈利。

亚马逊利用大部分资金开展其他在线业务，这样不仅增加了收入，而且扩展了产品范围。现在亚马逊的品牌已经树立起来（口碑优势），人们很愿意在这家网站上买卖。亚马逊的物流也可圈可点，它在美国和欧洲各地都设有备货和配送中心（组织优势），能够免费为客户派送数千件产品并于次日交付（实物优势）。为了降低成本，亚马逊大部分的商品分拣工作由机器人完成（技术优势）。然而，亚马逊最大的竞争优势还要归功于它在第一个细分市场，即图书市场的创新。这一创新就是众所周知的 Kindle，它在图书的搜索、购买和阅读领域开启了一场客户体验的革命（稍后详细讲述这一点）。亚马逊在零售市场持续不断地尝试发展竞争优势，最近的尝试是开发家庭购物硬件：Echo 是一个智能音箱，顾客可以通过语音指令将商品加入购物车；Dash 是一个磁性按钮，顾客通过它可以重复购买某一单独产品。

先发竞争优势维持的要诀

要发现潜在的竞争优势，只有三种方法。最简单的方法就是 MBA 课堂里教的那样——做"先行者"。这种方法尤其适用于实体型、金融类和技术类企业。① 但这种先发制人的方法对后来者不甚适用，或者用起来需要花费更高的成本。而且，用这种方法获取竞争优势首要的挑战性在于，它通常需要你对某种潜在可能进行前置性风险投资。只有当市场尚未了解到它的价值时，才能为其生产和销售提供具有竞争力的场所。在这方面，沃尔玛就是一个很好的例子，它首先在美国的地方性城市获得销售位置优势，后来的发展充分证明了它成为"先行者"是如何带动收入增加的。

T+E+M+S+沃尔玛：位置优势带动收入增加的先行者

沃尔玛刚刚起步时，面临着来自美国其他几家老牌百货商店的激烈竞争。这些竞争对手，如西尔斯·罗巴克、凯马特、杰西潘尼等，都凭借某一方面的优势撑起自己的一方天地。所有这些百货商店都提供类似的产品、服务、促销手段、定价和支付方式。这一行业的普遍共识就是尽量让潜在顾客在商店里待得久一点，尽可能多地向他们展示货架上诱人的商品，并为他们提供每一件想买的东西。即使在今天，当你走进任何一家超市的主要入口，离你最近的还是那些利润最高、

---

① 想要更好地厘清几种竞争优势和先发优势之间的联系，推荐一种简单的办法。你可以将实体（P）、金融（F）和技术（T）类的资源想象成某种正在消失的东西（就如三个字母组成的单词"proof"的读音一样，听上去就像某种今天存在、明天就不在了的物品）。而另外三种资源，口碑（R）、组织（O）和人员（I），则可以想象为"投资回报率"（英文为 return on investment）的缩写，这三者也与投资回报率一样是需要时间的。

有时，某细分市场的先行者建立的品牌可以成为该商品类别的名称或动词。例如，人们会说"我要一个邦迪"，而不会说"我要一个弹性绷带"；或者点一杯"七七波旁可乐鸡尾酒"，而不会说"七玫瑰波旁威士忌和七喜柠檬水的混合"。用作动词的例子也有很多，如人们会说 Google、Tweet 或 Tivo 一下，但不会说 Binging、Snapchatting 或 Blueraying 一下。不过，这类例子也并不总是适用于市场先行者，如 VisiCalc 和 Lotus 1—2—3 是两款电子表格办公软件，都一度是该市场的领导者，却被后来问世的微软 Excel 软件所代替。这说明，建立一个品牌远不止于成为市场的先行者那么简单。

价格最低的冲动商品，而其他商品只有在你走过入口区后才会找到。而且只要你置身一家超市中，就会发现想找到出口颇费精力。这就把竞争降为单一因素的较量——位置。最好的百货商店就意味着有着最大的门面，以及步行最快可到的距离。鉴于许多城市中最好的位置已经被竞争对手抢占了，沃尔玛被迫采取一种不同的、更具创业精神的战略。

于是，沃尔玛成为第一家在地方性城市中心设立门店的百货商店。它的设计思路是，对于那些每年去大城市百货商店进行一次大采购的地方性城市居民来说，如果在当地足够近、足够方便的地方有一家百货商店的话，他们或许会每月逛一次。这是一步险棋，因为除了花钱投资之外，没有任何办法能够证明这种想法是否可行。事实证明，沃尔玛的选择是正确的，第一家地方性商店很快取得了成功。这个故事常被当作人口细分和目标定位的经典案例为人们所津津乐道，但它实际上是心理细分的典型，因为其出发点是为了顾客的方便性考虑。它不仅关乎市场营销，还涉及竞争策略。

当沃尔玛证明了地方性百货商店的潜力后，其他立足于城市的竞争对手们决定效仿这一策略，纷纷在沃尔玛旁边开设店面。这个例子有力地证明了市场竞争令人失望的一面。竞争对手的反应只是简单地模仿，而不是像沃尔玛那样挖掘其他尚不充分的细分市场，或者提供富有差异性的服务。很难想象，采取这种策略的公司是怎样给高管发薪水的，但是直到今天，简单地学习和模仿竞争对手的做法仍然司空见惯。市场对沃尔玛的模仿或许降低了沃尔玛作为先行者的投资优势，并最终引发更加激烈的价格战，这对消费者来说或许是件好事，可对任何百货商店来说就没什么好处了。不过，在这个案例里，沃尔玛具备了真正的优势，而竞争对手简单模仿的行为导致它们失去了长远优势，这就是我们所说的优势要具有持久性的意义所在。

当沃尔玛在地方选址建店时，原来的土地所有者还不知道零售商店会取得如此巨大的成功，很多人甚至很庆幸能将土地卖出去。对一些种植不太好的农田，沃尔玛只需给出一个还算过得去的报价就行。可是当沃尔玛的竞争对手准备在附近建立店铺时，土地所有者对他们房地产价值的期望就完全不同了，这主要归功于沃尔玛的成功。他们用自己的土地收取更高的价格，许多人甚至放弃出售改为租赁。相较于竞争对手而言，沃尔玛又获得了成本优势，故而能以较低的价格进行再投资，支持自身的规模扩张、供应链合理化和物流技术发展。这些做法进一步提升了沃尔玛的客户体验，推动公司进一步壮大，结果就是沃尔玛处于良性循环，而它的竞争对手则处于恶性循环当中。最终，由于价格竞争、经济衰退和过度扩张等一系列原因，沃尔玛的一些竞争对手纷纷衰落，于是沃尔玛接管了重要城市的中心位置，成为目前美国最大的零售商。

SANTOS 公司是第一家在南澳大利亚库珀盆地收购和开采天然气和石油的公司。关于成为先行者从而促使成本降低的过程，SANTOS 提供了很好的范例。

SANTOS：位置优势促使成本降低的先行者

SANTOS（英文 South Australia Northern Territory Oil Search 的简写）建于 1954 年，是澳大利亚一家石油和天然气生产商。直到 1963 年，公司才从 Gidgealpa 2 号矿井成功开采到天然气。1966 年，Moomba 气田被发现，它与 Gidgealpa 一起，共同确保库珀盆地的天然气能够满足整个南澳大利亚州的供应量。在此背景下，政府投资修建一条天然气管道就变得理所当然，并且与南澳大利亚天然气公司（该州的天然气公用事业公司）签订了合同。

当时 SANTOS 刚刚开始生产天然气，但在 1970 年于 Tirrawarra 1 号矿井发现轻质原油储量后，一切都改变了。这个矿井不仅蕴含大量的天然气，每天还可以生产650桶原油。1978年，SANTOS接着建立了Strzelecki 3号矿井，每天能够生产2400桶原油。这在当时是海岸石油开采量的最高纪录。

SANTOS最初的竞争优势应归功于库珀盆地丰富的资源储量。石油蕴藏在沙质土壤中，接近地表，并且品质很好，非常适合生产高质量的运输燃料。原油硫含量较低，无需进行太多混合或加工等二次处理工作。这意味着SANTOS生产一桶石油的价格要低于当时世界大多数同类公司。因此，虽然石油属于大宗商品，供应商属于受价者，SANTOS却可以免受价格波动的影响，因为它总是能够以最低的成本生产石油。

该公司利用其赚取的额外利润进行进一步的勘探，收购其他石油和天然气公司，并逐渐降低生产成本。同时，它还利用其资产负债表和现金流提供大量贷款资金。1982年，SANTOS为库珀盆地的液体项目提供了6亿美元的贷款，其中包括建设一个新港口，这是当时澳大利亚公司提供的最高贷款之一。目前库珀盆地原油销售量约为每天30000桶。根据SANTOS上一份年度报告，石油的上游生产成本为每桶8.5美元。而在2016年，油价从每桶不到30美元到笔者撰写本文时的每桶53美元之间浮动。这表明，库珀盆地每天的产值在650万美元到1.3亿美元。从财务角度讲，最初于1982年的投资仍然强劲，到2017年时间已过35年，但投资回报率保持在40%~80%！

在澳大利亚所有州及亚洲的一些地区（包括印度尼西亚、越南和巴布亚新几内亚），SANTOS也通过增加投资借贷来生产石油。它始终在寻找类似的位置优越进而促进成本降低的地方，于1998年投入生产的澳大利亚西北部Stag油田就是其中之一。Stag油田的原油质量甚至比库珀盆地的还要好，可以直接用作燃料。目前，Stag油田的原油产量约为每天7000桶。

SANTOS整个商业战略的起点就是，首先勘探出优质的石油和天然气富集区。随着消费者越来越抵制能源产生的碳排放，SANTOS也看到公司在能源市场所面临的挑战。一直以来，替代性能源要么被认为太危险（如核能和地热能），要么太昂贵（如生物乙醇），要么太不可靠（如太阳能、风能和潮汐能），但SANTOS对这些能源都没有放弃研发。因为一旦这些替代性能源的可行性变高，消费者会立刻转向它们。对于（还未在新能源领域取得先发优势的）SANTOS来说，最糟糕的事情莫过于各国政府现在就推动市场转向新能源领域。

一般情况下，大型或老牌公司很难获得财务竞争优势，因为它们普遍年龄偏大，与竞争对手相比享受到较低资本成本的可能性更低。在战争中，银行家非常乐意向各方出售武器，而且他们进行债务和股权定价的依据常常是项目风险或投资条款清单，而不是公司风险评级。这意味着，老牌公司几乎不可能以低于同行的价格获取资本。对于初创企业来说，寻求种子投资、天使投资的过程或赠款融资的过程从定义上讲都属于先行投资。但能否更早地获取资本是在新兴市场中实现规模化发展和扩大市场份额的关键所在。有的时候，企业利用某项技术创造了就业岗位或出口机会时，还可以通过申请政府拨款享受到更低的资本成本，当然这类拨款通常也只面向先行者们。不管是哪种情况，基于财务的竞争优势很少且很难获得，基于技术的竞争优势则更常见一些，这也是许多大型制药企业之所以专注于研究、开发、收购和推广专利药品的原因。从定义上讲，专利意味着你是第一个取得突破性成果并将其记录在册的人，同时意味着技术创新和研发也是前置性风险投资的一种。

虽然要面对一些前置的成本和风险，先行者战略在一定程度上仍是可施行、可规划的。先行者战略的挑战在于它会过时——当你的公司还在坚持从现有的产品中提取价值时，更具颠覆性的后来者可能会用不同的方式，通过新颖的产品、渠道和商业模式满足客户的需求与喜好；这种破坏将导致现有市场资产贬值。上述两个案例同样存在这样的风险：亚马逊的在线商业模式有可能使沃尔玛的零售业贬值，新能源技术将使 SANTOS 的石油和天然气富集区贬值。因此，利用先发优势固然重要，但也应考虑其他竞争优势，即使它们更难驾驭。

驾驭突发竞争优势

寻求潜在竞争优势的第二种方法更多涉及口碑、机构和人员。遗憾的是，它甚至称不上是"方法"，因为此类竞争优势的来源往往是模糊不清的。关于耐克为什么能在 20 世纪 80 到 90 年代打造出篮球鞋的品牌，并没有什么绝对清晰的原因。尤其是考虑到它竞争对手强大的资源、技能和顶尖的营销人员，耐克直到今天都不能保证说达到那么高的水平。而且在别的运动项目上，耐克也并未取得如此明显的利润优势，因此它在篮球鞋领域取得成功的原因并不十分清晰明了。

另一个例子是可口可乐在美国的市场份额与澳大利亚之间的差异。2015 年，可口可乐占到美国市场份额的 48.6%，而在澳大利亚，可口可乐的特许经营商 Amatil 占有全国约 85% 的市场份额。澳大利亚的高管并不一定比美国同行更高明，比起美国本土，可口可乐也没有比百事可乐更符合澳大利亚软饮料消费者的口味。可口可乐在苏格兰地区和英国市场份额的差异更令人惊诧。在苏格兰地区，最流行的软饮料不是可口可乐，而是 Irn-Bru，可口可乐仅居第二位。Irn-Bru 是苏格兰最受欢迎的软饮料之一，被誉为除了威士忌以外的"苏格兰第二饮料"。可口可乐和 Irn-Bru 之间的竞争使两者在苏格兰的销售水平趋于持平（2015 年 Irn-Bru 在苏格兰的份额超过 20%）。但出人意料的是，英国整体上却呈现出这样的情况——可口可乐在英国市场占有40%的份额，而 AG Barr（Irn-Bru 的制造商）只占 3%。同理，很难将原因简单归于苏格兰消费者和其他英国消费者的口味差异。① 值得一提的是，组织类、人员类的竞争优势中同样存在类似因果不明的情况。

明尼苏达矿业制造公司（它更为人熟知的名字叫 3M 公司）是世界上最具创新精神的企业之一。它曾获得美国政府的最高技术创新奖项——美国国家技术奖。20 年来，3M 公司的平均毛利率为 51%，资产回报率为 29%。在《财富》杂志对"美国最受尊敬的公司"的年度调查中，3M 公司始终名列前茅。人们试图分析 3M 公司出类拔萃的原因时，常常会聚焦它们的人力资源管理办法。实际上，这家公司的创新性表现为下面一系列方法：

1. 企业高层管理者对创新的认可。
2. 向每一位新加入的员工介绍公司的创新史。
3. 招聘高效能职员。
4. 允许员工犯错。
5. 在公司内部广泛开展技术基础知识培训。
6. 大量跨部门、网络化的工作模式。
7. 对个人绩效的高期望值。
8. 对不愿转管理岗位的技术专家设有晋升通道。
9. 衡量 5 岁以下产品的收入情况。
10. 广泛的客户研究。
11. 员工 15% 的时间用于实现他们自己的想法。
12. 以平面产品为主（如透明胶带和便利贴）。

---

① 笔者并不否认苏格兰地区和整个英国之间的巨大差异。两者之间除了口音、哈吉斯、尼斯湖水怪和苏格兰方格呢短裙外还有诸多不同。就在笔者撰写本文时，英国正在进行脱欧谈判，而苏格兰进行的"全民公决"则以压倒性优势决定继续留在欧盟。

然而，其他效仿3M的公司却并未取得同样的成功。戴森电器的创新方法从根本上不同于3M，它更多地涉及财务管理而非人力资源，更多地基于个人创新而非集体创新（参考戴森电器的官方网站 http：//businesscasestudies.co.uk/dyson/innovation-research-and-development/developing-anew-dyson.html）。戴森也可以说是一家很有创新精神的企业，不过它的组织基因包含一些截然不同的元素：

1. 专注于研究对现有产品或生产过程的改进。
2. 围绕长远目标规划行动。
3. 确保研发工作独立于其他利益相关者。
4. 所获利润优先进行研发再投资，从而创造潜在的颠覆性产品。
5. 对仅为了延长当前产品生命周期的营销活动不予支持。
6. 市场调研不是产品开发的主要驱动力。
7. 相信个人直觉。
8. 以立体产品为主（如真空吸尘器和干手器）。

显然，戴森公司以其创始人的名字命名，公司的发展理念也与创始人的价值观一脉相承，创始人戴森具有非凡的创新精神。因此，很难说这家公司的竞争优势究竟是戴森的个人才华还是公司的组织方式。同样才华横溢的个人在其他公司中可能远没有这么成绩斐然，就像戴森进入设计行业前的遭遇一样；而个人天赋不及戴森的个人在遇到适合的环境中反而能够茁壮成长，比如3M公司里的员工。戴森其人可以说是人员竞争优势的例子，戴森公司则可被称为组织竞争优势的例子。尽管如此，你仍旧无法从这些竞争优势的案例中找到一个共同的线索：很显然，耐克和可口可乐的品牌资产，以及3M和戴森的创新性，都不能做简单归类。这表明口碑、组织和人员类的竞争优势是"突发"的（这是学术界和咨询人员爱使用的一个巧妙的词语，避免说"成功只是运气而已"）。然而，还是有两种可以驾驭且更加持久的方法能够帮助企业获得组织类的竞争优势，这两种方法都从管理复杂性的角度出发，而这一点正是竞争优势的终极来源。

持久竞争优势的管理复杂性

第一种方法被称为约束理论（TOC）。TOC从识别生产过程中的关键"瓶颈"开始，然后重新设计该过程，从而优化生产能力，打通每个"瓶颈"节点。在实践中常出现的情况是，整个过程并不由一人完成，而是由具有不同专业水平或技能的多个人员各自负责过程中不同的阶段，这样自然而然产生了复杂性。TOC的成本优势就在于实现不同阶段之间的高效切换。这也是为什么有时外包给第三世界国家行不通的原因。虽然第三世界的劳动力更便宜，但有时候切换成本甚至超过节省下来的费用。比起先发优势或因果关系不明的其他竞争优势，通过实现劳动力的专业化来降低成本更具可持续性，如果你既能做到让你的专业人员享受高薪、保持较高的人才留用率，同时还能拥有价格竞争力，一定会让外面的人啧啧称叹又摸不着头脑。获得持久竞争优势的第二种方法，就是提供良好的客户体验。

良好的客户体验就是把控好客户与公司接触各个节点的交互质量。这里的复杂性在于客户交互通常涉及情感成分。不管是通过网站界面、使用软件、联系呼叫中心，还是与公司成员面对面交流，确保客户建立起与品牌声称的一致体验非常重要。有能力做到这一点的公司就能将客户变成自己的拥护者，进而有了迈向成功的筹码。同样，这种优势的持久性也基于下面这个事实，你的公司为何能拥有一批忠实且主动帮你宣传的客户，在外部看来是一个谜。这本书中就介绍了从短期到中期，如何打造受欢迎且不易被模仿的客户体验。

客户体验的前提是减少客户的痛点、增加客户的愉悦点。从客户角度出发，主要包括以下五个方面：时间、情感、风险、金钱、情境。这五者构成了我们所说的 TERMS 理论，为我们了解既包含理性因素又包含情绪与感知因素的客户体验提供一种基本思路。第四章中我们将对 TERMS 理论进行具体阐释。

第四章　如何评估你的客户体验

虽然越来越多的公司开始研究客户体验，但是很少有公司真正愿意花钱做这方面的市场研究，尽管这样做好处多多。客户访谈和调研的好处包括：

- 找到客户与公司交互过程中的关键痛点。
- 研究令客户产生不满的痛点。
- 寻找受客户欢迎的愉悦点。
- 发现附加产品和服务的增长机会。
- 识别潜在的细分客户群体。
- 观察客户如何做出购买决策。
- 找出客户在考虑购买时的最大顾虑。
- 了解你的公司与同行竞争时究竟表现如何。

评估你的客户体验分为四个步骤，本章接下来的内容会详细解释：

1. 绘制客户旅程地图。
2. 确定细分市场。
3. 坚持价值驱动。
4. 价值曲线分析。

绘制客户旅程地图

要想描绘出公司的客户体验，你应当面对面或打电话进行个体访谈，与客户进行大约一个小时的半结构化讨论，从而了解他们与公司交互的真实情况。有些公司更喜欢召集讨论组，而不是与单个客户交流，这样做的结果可能是从众思考或其他的"群体效应"。想充分发挥讨论组的作用，就需将过程设计得尽可能简易。因为性格外向的个体常常用自己的想法影响别的参与者，以至于别人很难说出他们真正的观点。

下面是绘制客户旅程地图所需的几个步骤，具体结果怎样，与你选择的样品情况和研究方法息息相关。绘制客户旅程地图可简可繁，你可以只采访几个自己的客户然后总结出调研结果，也可以将样本扩展到竞争对手的客户，同时使用定量调研方法，从而对自己公司的客户体验进行更科学的评估。

1. 调研客户背景。
   - 列举几个可能的旅程阶段。
   - 考虑潜在的交互点。
   - 找出可能存在的影响者。
   - 推测阶段性信息需求。
2. 研究客户旅程。
   - 制定访谈指南。
   - 设计数据记录模板。
   - 创建样本集。
   - 开展访谈。
3. 分析结果。
   - 确认或调整调研结果。

○ 寻找客户痛点以及递增性客户体验升级的机会。

选择访谈客户

前面已经介绍，绝大多数客户体验的绘制聚焦于客户如何与公司发生交互。通常情况下，找一些你的客户，请他们协助你完成调研并不难办，但是理想情况下，参与访谈的样本还应该包括竞争对手的客户。实现该目标的办法之一，就是在你的客户中寻找也与你的竞争对手打交道的人。这些人很清楚你与竞争对手之间谁更有优势，因为这也是让他们做出购买决定的原因。

下面有关快速配对案例的研究揭示了购买行为的规律。重点就是，人们不会违背某些客观标准孤立地做决定，当比较后发现其他可选项更有优势时，他们就会选择那个选项。也就是说，决策只能说是准理性的。

E + 快速配对选择

蒂姆·哈特福在他 2010 年出版的著作《生活的逻辑》一书中，介绍了一个 3600 名男女快速配对的实验。每场配对持续 4 分钟，然后配对双方会被各自问到，是否愿意与对方再次会面。这个实验的初衷是为了确定人们在选择伴侣时，是否会基于某种客观尺度或特定标准。实验结果验证了某些人对浪漫关系的刻板印象，但也驳斥了另一些人的固有看法。

只有平均 1/10 的女性表示愿意与他们的速配对象再见面，说明这些女性确实对男性相当挑剔。男性的这一比率是女性的两倍，即有 1/5 的男性表示愿意与速配对象再联系，说明男性的洞察力可能不如女性，但同时也颠覆了认为男性都很随便的刻板印象，因为还有 4/5 的男性拒绝了与对方的再次会面。此外，还有些别的固有看法得到了证实。

观察发现，两性都更喜欢不吸烟的人和受过教育、有某项专业特长的人士。与流行的观点相符，女性青睐更富有、更高大的男性，男性也倾向于选择更年轻、更苗条的女性。① 不过，这个实验更值得关注的是，有那么几个夜晚，当速配现场的候选人不是那么有吸引力时，后续会发生什么。

事实是，即使速配对象的条件不是很理想，双方愿意再次会面的比率也并未发生变化。房间里站满的不全是高大富有的绅士，还有矮小普通的工薪男，女性选择的比率都是10%。同样，就算所有的速配对象都是成熟丰满型的女士，男性选择的比率还是20%。吸烟者和专业人士占比的高低也没有影响这一结果。在这些夜晚，当现场整体看起来并非那么吸引人时，其中相对有优势的参与者还是会被选中。这告诉我们，哪怕是寻找伴侣这么重要的事情，人们也不会使用客观的标准去做决定，而是在可选项中进行比较的。

我们原以为的理性决策也有可能是相对性决策。曾经有一项商业调研，对六个医疗领域进行统计分析，调查医生在开药时受哪些因素影响。结果显示，医生的处方量受两方面影响：一是药品的治疗效果；二是医生对该制药公司的满意度。其中五个领域，后者对医生的处方量影响尤为显著。此外，影响医生处方量的不是其对制药公司总体满意度如何，而是相比其竞争对手，医生对该制药公司更满意多少。同样，主观决策也是相对性决策。

另外，还有一项关于托儿所和大学选择的商业调研，揭示出口

---

① 有趣的是，另一项快速配对研究表明，女性更倾向于选择同种族的男性，而且比起外貌不佳，她们更歧视智商不高的人。亚洲女性例外，她们不歧视白人男性，但是歧视黑人和西班牙裔男性。男性似乎不太在乎种族，但不大会选择比自己聪明的女性。同时，男性更注重外表。

碑推荐是如何影响客户对品牌认知的。当客户面对的不是单独一家公司，而是有多家竞争者并存时，口碑推荐的作用更加明显。人们不会违背客观标准做出决策，他们通过比较多个可选项的相对优点来进行选择。

这对客户体验研究至关重要，它意味着你在设计调研之初就要仔细斟酌。很多公司在调研时，只询问客户对自己公司的产品感觉如何，但这只是事实的一面，真正有用的信息是你的公司的客户体验与竞争对手相比孰高孰低。这就是为什么对客户体验进行评估时，一定要对比参照系，而不仅是简单的研究。

客户体验可以被推断

客户与你的公司的业务产生交互的情况有很多种。他们可能听你的营销介绍，浏览你的网站，访问你的办公地点，通过电话、邮件或聊天工具与你的员工交流，与你的团队成员面谈，购买和退货，选择或购买服务等。有时，他们还会与其他客户分享自己的体验。一般情况下，公司都希望自己能管理好所有这些交互的场景，可实际上它们并未做到以客户为中心。

以客户为中心是基于这样一种理念，即如果能将客户培养成自己的拥护者，公司就会取得更大的成功。但由于存在价值层面的基本冲突，少有公司真正做到以客户为中心。任何一种提供给客户的价值都有可能转化为公司的潜在利益，因此，当价值被狭义地定义为交易利润时，企业提供的客户体验自然就变为以公司为中心，而不是专注于客户价值。从长远来看，这对公司是有害的。客户拥护的价值之大难以衡量，却往往过早地被企业忽视了，导致长期品牌资产的贬值。更重要的是，随之被忽略掉的还有新竞争对手加入和行业混乱可能引发的风险。

迈向以客户为中心的第一步，就是研讨客户与你的公司产生交互时具体是什么样子，以及你跟竞争对手比起来如何。研讨会的参与人员应该包括直接或间接与客户打交道的工作人员。研讨目的就是推断客户与你所在行业的公司打交道时会经历哪些步骤，这些步骤共同构成了客户从你或者竞争对手那里购买产品时理论意义上的旅程。每一个步骤中，客户都会完成不同的事情。或许在客户还不知道你的公司、产品或服务时，他们的旅程就开始了，结束以后也还有可能继续购买、使用、推荐。旅程地图通常以线性过程呈现，但客户往往在步骤之间来回移动，也可能从一个步骤向前后两个方向跳跃。例如，在下面的旅程中，一个顾客在商店中找到一个产品，但发现它并不适合，然后就会去网上搜索其他选项。此外，在使用某件产品之后，顾客可能会意识到他需要的其他产品，这时他就又跳回到旅程的起点。

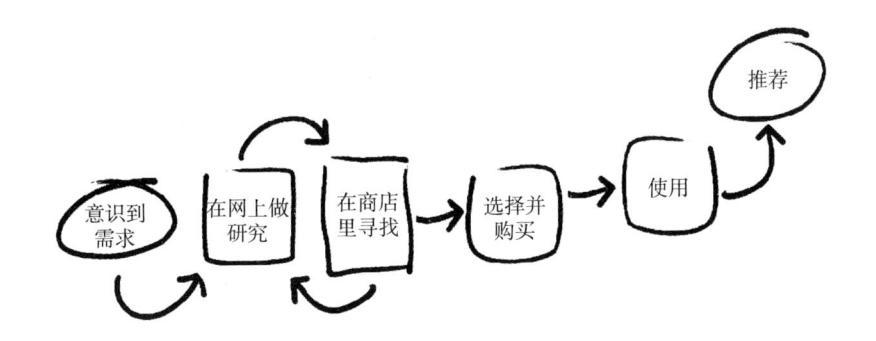

意识到需求 → 在网上做研究 → 在商店里寻找 → 选择并购买 → 使用 → 推荐

在这个过程中还要考虑可能的接触点和影响者。客户与企业交互的点称为接触点，接触点和影响者可以改变客户的期待、考虑的重点、偏好和决心。如果说与客户的接触点还是企业可以管理的话，影响者就完全不受企业控制了。但不管是接触点还是影响者，都将引导客户面对你的产品时所做出的决定。

E＋M＋如何引导客户对重型货车的购买决定

客户购买决定可能会以不同的形式被引导。举个例子，我们曾服务一家国际货车制造商，在研究购买货车的客户旅程地图时，我们发现两种截然不同的引导方式。如果没有太多工程定制需求，客户在购买小型货车时，影响其购买决定的主要因素是价格。他们的重点是尽量减少支出，从而使成本尽可能低，以确保他们在市场上具有成本竞争力。他们找到自己喜欢的货车种类（大小），然后开始招标，让供应商们给出最低的价格。这些客户往往是一锤子买卖，不会特别忠诚，除非他们有一支大规模车队，而且更换部件还得对他们有好处。另外还有一个原因是现在大多数"现成"的货车都是日本产的（尽管我们的客户不是日本人，但市场上卖的却是日本品牌的货车）。日产货车质量高而且省油，所以区分不同品牌货车的意义不大。但对于那些购买重型货车的客户来说，情况就不同了。

如果不是购买日本现成的货车，客户一般只能从欧洲或美国制造商那里购买重型货车、原动机或拖车。这些客户通常要选购为工程高度定制化的重型货车，所以相比较而言他们更加忠诚，而且更愿意向别人推荐自己信任的制造商品牌。

客户根据货车性能、工程定制能力，以及他本人与制造商销售代表之间的关系选择买谁家的产品。从公司的角度看，销售代表不过是公司卖东西的员工而已。但对客户而言，销售代表是他们可信赖的顾问，帮助他们对每一辆货车进行指标修改和再设计，确保货车的质量并按时交付。能够保证货车的技术质量，保证项目顺利交付，并将客户的需求置于自己的销售业绩之上，这就是成功的销售代表，他们也因此建立起口碑。他们的客户对比较定价不是很感兴趣，反而关注的是怎样通过定制化提供特定功能或者降低油耗。因此，这个细分市场的收入和利润比卖现成的日产货车更丰厚。一些客户很倚赖他的销售代表，如果他的销售代表换了公司，他购买的制造商也会跟着改变。

上述两种购买方式的差异同样反映出对客户体验的洞察。在我们客户的例子中，这直接关系到它旗下一个品牌的新产品开发战略。欧洲的一家重型货车制造商还曾经计划重新设计自己的货车，减少定制化需求。但我们的研究表明，这一做法可能会使客户从定制采购模式转为招标采购模式，对它来说并非好事一桩。

在客户旅程中，并非每一个接触点或阶段都是同等重要的，痛点经常发生在大多数客户不满意的环节。其实，痛点并不是件坏事。理论意义上，正是痛点引导客户来到你的公司，然后你为他们找到解决方案，满足他们的需求。绘制客户旅程地图的下一步，就是确认客户从你的公司购买产品时所经历的步骤。

客户旅程只能靠客户验证

客户旅程的概念提出之后，下一步要做的就是让客户真正参与到研究当中，从而确认、证实或调整之前提出的客户旅程，进而对真实的客户体验得出精准总结。

首先，你需要对客户进行一番半结构化的访谈引导，向客户重申该调查的宗旨和调查结果的用处，并请他们对问题做出坦率诚实的回答。

绝大多数公司在客户访谈中，会引导客户回答在旅程各个阶段如何做、如何想、如何感觉等相关的开放式问题。客户对"如何做"的回答可用来证实或调整你之前推断的客户旅程，说不定他们还会向你介绍不同的体验场景、触发不同阶段变化的原因，以及可能的动态分

[图：在商店里寻找 → 如何做？如何想？如何感觉？ → 文档]

割变量。客户对"如何想"的回答和他的理性思维过程相关，包括规划、搜索、构想、评估、逻辑分析和对各种信息源的使用。客户对"如何感觉"的回答可以用来了解客户的情绪和反应，包括情感、动机、直觉和意义建构过程。总之，在问客户如何想、如何感觉时，应该与其诉求、身份、与他人的关系等因素结合起来考虑，以获悉他们的行为、需求、喜好等。

E+T+治疗决策阶段的肿瘤学咨询

我们做过的客户体验绘制项目中，有一个客户是肿瘤学家，另一个是正在进行癌症化疗的患者。化疗通常只能延长生命，但不能治愈癌症，所以有些癌症患者会痛苦地抱怨，化疗是一种"酷刑""几个月的折磨""比患癌更糟糕"。如何让患者接受化疗，变得十分重要。

每一位患者在得知自己患了不治之症后，都会经历一段麻木期。当他们从震惊中恢复过来，会出现两种情况：一种是迅速决定治疗；另一种是尽可能久地拖延。后面这种情况中，患者会将治疗的决定权交到他们的医生手里。因为大多数人觉得自己无法承受这个决定带来的巨大感情冲击，还有一部分人是因为自己对癌症所知甚少。无论哪种情况，决定患者最终反应的无外乎两种诉求，是尽量延长寿命，还是尽量保证生存质量。

一般来说，年轻的患者最终会选择与癌症做斗争，尽可能久地延长寿命，尽管选择治疗可能意味着有副作用、并发症、风险和诸多不适。然而另外一些患者关心的则是保证生存质量，甚至不惜以早死为代价。这些患者（通常是晚期）希望自己能保持一个好的状态，以便能好好享受下一个圣诞节或孙子即将到来的生日。这批人通常会拒绝化疗，而是选择其他能够控制症状、让他们尽可能保持舒适的药物。虽然大多数医生都倾向于用化疗治疗自己的患者，但他们也只能在了解每位患者的诉求之后才能提供建议。即使如此，做出最佳的治疗选择仍取决于一系列因素，包括患者的整体健康状况、亲友的支持、经济状况和情绪状态等。

许多医生在会诊时与患者讨论他们的治疗方案，为他们提供合理的指导。在此之前，医生会强调患者知情同意的法律意义与伦理重要性，并往往保持一份专业医者的距离。这种看似本能的反应实际也是对医生保护自己情感的需要（考虑到他的患者可能随时会死掉，医生的情绪也会受到影响）。讨论期间，医生会极其详细地告知患者各种治疗方案的所有事项，甚至还会涉及许多超出患者理解范围的医学术语。遗憾的是，有些一开始选择化疗的患者因为治疗过程中的压力和痛苦而退出。这些患者几乎都是在化疗起作用前就退出的，这对医生来说非常痛苦，他们知道患者前面接受的治疗还没开始起作用。很多医生为此充满内疚，因为他们没能让自己的患者充分接受化疗；有些人还会怀疑医生是否真的做到了知情同意，而不是仅仅履行了法律要求告知的义务。

上述这些对患者和医生两方面的行为、考虑与感受的观察，使设计一款基于一系列量表的决策支持工具成为可能。该工具可以将患者关于治疗的考虑和整体决策简化为更易理解的信息，当医生介绍某一点时，患者可以根据自身感受在决策的天平里放上支持或者反对的砝码。

以这种方式分解决策过程，可以增加患者对医生的同理心，而不需要医生刻意缩短与患者之间的职业距离。放砝码的物理行为也会让患者对自己做出的整体治疗决定更具有认同感。

采访客户并不像最初看上去那么困难。一般来说，先让客户回忆一次特定的购买事件，然后问一些开放式的问题。提问者需根据收到的回答随时调整问题，因为一般来说提问者都很好奇，所以多问一些问题也很自然。有效的问题常常从是谁、什么、何时、何地、如何以及为什么开始。最有力的问题包括：

- 接下来你做了什么？
- 当时你是怎么想的？
- 你有什么感觉？

如果想了解更多，你可以在提问完上述每一个问题后再追问一句为什么。问答过程可以用多种方式记录下来。

大多数智能手机都可以录音，将采访过程记录下来，然后转录到数据库里。同样，手写的笔记也可以稍后输入。但是，更有效的方式是将受访者匆忙之间给出的回答打出来，这种方式改变了交流的进程，当提问者往电脑里输入内容时，就在讨论中形成一些有用的停顿。这种方式还省掉了额外转录的时间。直接录入需要提前准备好相关资料，例如一个简单的表格，左边一列是问题，右边一列是回答，每列有一个受访者，每行有一个回答。这种排列可以确保每次访谈都能涵盖整个问题集，一旦完成了足够多的访谈，就可以分析表格中的接触点、影响者、痛点和实际体验。收集足够多的访谈需要足够大的样本量。

有时你需要的只是一个小样本

样本规模是一个颇具争议性的话题。在一些公司里常常有这样一种偏见，认为访谈人数越多越好。这无疑增加了研究分析的成本和操作复杂性，但收效甚微。样本规模对于定性研究而言确实很必要，但是不及对定量进行研究那么重要。

样本规模

定性研究的目的是弄明白一些事情：客户满意或不满意某件产品的原因，可能对客户很重要的产品属性，客户对名人代言的看法，客户在使用我们的品牌时可能遇到的问题，或者其他看法和意见。定性研究样本量必须足够大，从而确保研究人员能够获取大多数乃至全部重要反馈，减少因样本不足而导致的疏忽和失败。

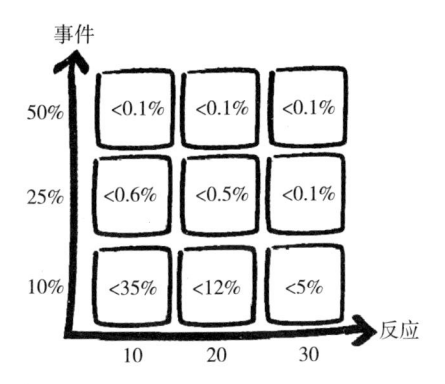

举个例子，如果研究团队想了解发生概率为10%的事件中客户的体验，并希望将漏掉该组的概率降低到5%以下，那么在随机选择的前提下，数量为30的样本就足够了。对于发生概率有50%的事

件，即使只随机选择 10 个人，遗漏重要信息的概率也会低至千分之一。

在研究的定性阶段，为了确保样本具有代表性，应该坚持"最大变异化"原则，而不是盲目"数据化自信"。这意味着不一定非得满足定量分析中减少误差的范围要求，更应该在访谈中涵盖理论场景应有的客户或者细分领域内的客户。在实践中，对客户旅程地图的研究应服务于统一主题。如果某家公司面向一个有四个主要细分领域的市场，且希望了解每个细分领域一半以上的客户所具备的共同感知，那么一场 20 到 30 人的访谈就能确保研究人员获得他想要的数据。接下来要讲的是，捕捉客户感知需要什么样的访谈技巧。

使用亲和图法的两个层次

最好的研究方法是在完成 25% 的访谈时就开始分析。因为在这个阶段，一半以上客户共有的想法都有超过 95% 的概率被呈现出来。提前进行分析的好处是，你可以对之前绘制的客户旅程阶段或相关场景加以确认或调整。引导受访者回答的问题也可以进行调整，围绕与接触点、影响者、痛点和实际体验有关的初步发现开展更具目的性的调查。

当所有的样本都访谈结束后，可以在两个层次上使用亲和图法，以提取关键主题。第一个层次是简单地按顺序浏览访谈数据，根据旅程阶段和场景提取出接触点、影响者、痛点和改进办法的相关信息。第二个层次是寻找因果关系，从中推断出客户的实际体验及动因。通常情况下，收集客户反馈的提问者不止一位，为了避免个体主观性，利用亲和图综合分析结论是很必要的。各研究人员先独立完成亲和图草稿，再进行共享，汇集起来形成研究成果。这就引出了下面我们要讲的分割基础理论。

细分市场的学问

市场细分研究的一大难点就是,当你问客户他们究竟喜好什么时,他们并不一定能给出真实、有效的回答。

市场研究并不简单

2006 年,社会评论员马尔科姆·格拉德威尔在一次名为《选择的快乐与意大利面酱》的演讲中,这样描述市场细分研究的挑战性:"……如果我问你们咖啡里要加什么,你知道你们会说什么吗?你们每个人都会说,'我要一杯浓黑咖啡'……可你们中间究竟有多少人真的喜欢浓黑咖啡呢?根据霍华德·莫斯科维茨的说法,只有 25% 到 27% 的人。大多数人喜欢的是加奶的淡咖啡。"

接着,格拉德威尔描述了意大利面酱的市场研究面临的同样挑战。莫斯科维茨认识到,在意大利面酱市场上,至少有三个基于口味偏好区分的细分市场。在莫斯科维茨意识到这一点之前,没人能明确说出自己到底喜欢哪种口味。相反,他们所能提供的,不过是不同消费者偏好的不同东西的平均值。这正是市场偏好研究的最大挑战。

进行市场细分研究有多种办法。一种办法是通过顾客的账户历史,对账户数据进行聚类分析,找到某一类具有共同的隐性或显性偏好的客户群体。另一种办法是在整个旅程中定位客户的痛点和实际体验,以关注他们潜在的心理偏好。理论上来说,顾客的行为与他的想法或感觉之间是有关联性的。而贯穿整个旅程各个阶段之间的关联性可能就是最有效的分割方法。举个例子,在运动休闲服装零售领域的客户旅程地图研究中,不同类型顾客反应的痛点也各不相同,有的是担心网上购买的衣服不合适，有的是不能在服装店里随心所欲地试穿，有的是想在试衣服时有一面好镜子和搭配的灯光，有的是想在健身房里得到赞美。

这群具有时尚感的消费者在购物过程的感知、搜索、购买和使用等各个阶段都表现出对自身形象的关注。这个例子证明了访谈分析的结果可以提供极其丰富的数据，你可以根据行为或心理分割将客户进一步细分。

S+ 招聘工作中的细分法

通过对招聘行业的调查显示，招聘的难易程度根据职位不同有着天壤之别。某些职位（通常是入门级的）往往吸引大量的求职者，因为很多求职者在找的都是这类工作。另外一些职位（如高级主管、技术专家）则需要用人单位向有资质的潜在候选者主动伸出橄榄枝。企业招聘人员会根据活跃求职者的多少和预算，选择相应的招聘渠道。

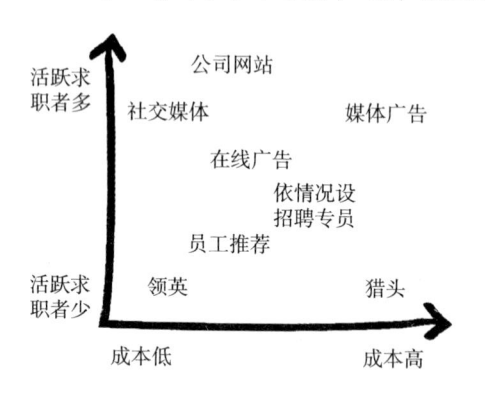

```
活跃求          公司网站
职者多
          社交媒体        媒体广告

               在线广告
                    依情况设
                    招聘专员
               员工推荐
活跃求    领英          猎头
职者少
         成本低         成本高
```

当计划增补一个岗位时，有些公司会选择某种单一渠道，有些则倾向于使用一系列渠道来吸引求职者。因为渠道是很容易分类的，所以 Seek.com（译者注：澳大利亚最大的求职网站之一）将渠道作为细分变量非常有效。然而，对 Seek 网站来说，更重要的是如何满足其客户的信息需求，这一点根据客户成熟度的不同而有所差异。

高度成熟的客户在管理招聘工作上往往也更有策略、更加系统，具备更加完善的人力资源制度。这类客户对员工职业发展进行战略性规划，分析不同招聘企业的信息源，维护内部的人才数据库，甚至使用求职者管理软件。它们中的很多都致力于在市场上树立起自己作为最受欢迎雇主的形象。针对这些客户，你需要为它们出一份关于特定行业、特定公司的定制化报告。相较而言，不太成熟的客户就不是很需要这项服务，它们更在意的是你能否满足其人员招聘需求。

对于提供在线招聘服务的公司来说，重点在于如何分配资源以更好地服务这两类客户。幸运的是，人力资源的成熟度（心理细分）与对招聘渠道的使用（行为细分）相匹配，即意味着可以根据客户喜好对信息需求进行分类。但是单独来看，这并没有解决预算问题。因为有些成熟客户的规模太小，根本无法支撑起定制化报告。对此问题的解决方案是，在细分法之外再增加一个维度。

根据客户规模和招聘渠道的使用情况，提供不同级别的报告，就能确保成熟客户都能获得它们所需要的信息。如果它们是高价值客户，这项服务可以作为增值服务提供；如果它们的价值稍低，可将出具额外报告和分析作为一项可选的付费服务。最后我们推荐的就是，使用渠道组合与客户规模创建一个 2×3 的细分法。

同时，调查分析应该为后续的创新提供丰富的数据集，其中最基本的就是将消费动机与消费行为联系起来的客户实际体验。你可以列出在客户旅程各阶段和场景中，对客户体验创新或积极或消极的 TERMS 因素。这时，Kano 模型就可以用来对这些因素进行识别和分类，如符合预期的、满足期待的、尚未被挖掘的等。后面的章节中，我们将展示如何结合 TERMS 因素和 Kano 驱动程序构建客户体验价值曲线。在此之前，先对二者进行详述和量化。

定性研究需与定量研究相结合

以上的访谈数据基本上是定性的（涉及品质或特征），它提供了方向指导，但对于优先级排序用处不大。简单地说，定性研究的结果只能告诉你发生了什么，如果要确定访谈结果的相对重要性，还需要进行额外的定量研究（涉及数量或比例）。定量研究的结果与数量有关，其本质要求你在开始之前就清楚地知道要度量什么，这就是为什么需首先完成定性研究（访谈）的原因。定量研究可以使用一手数据，也可以使用二手数据，有用的二手数据包括公司已有的客户账户信息，以及所有形式的"客户反馈"。这些信息常常散落在不同的数据库里，运气好的话，你还能将客户的意见反馈和他的账户记录匹配起来。这也是诸多零售商推出客户忠诚度计划的主要好处之一，通过奖励忠诚客户，可以跟踪他们的购买行为及其反馈。考虑客户体验研究的框架时，你可以将行为数据（如使用渠道）与心理数据（如推荐意向）、经济数据（如年度采购）联系起来。在非零售的其他行业里，匹配不同类型的客户信息要兼顾客户隐私协议，以及客户反馈渠道的设计。例如，对于制药业来说，如何将医院处方与医生收集到的患者反馈数据相匹配就是一件相当棘手的任务。因为医生在各个时期接触到的患者的数量不同，而且即使在同一家医院，不同的医生对药物及其生产商的态度和看法也不尽相同。在这种情况下，将行为和心理数据联系起来就变得很不现实。

解决上述问题的方法之一，就是在调查客户反馈时设计与消费行为相关的问题，从而省去信息匹配的烦恼。但这里的问题是，虽然人们可以精准地反馈自己的态度和过往行为（见下文"购买意图研究"），但对预期行为却很少诚实告知。一般来说，首选是二手资料调研，但进行基准研究时不可避免地要使用一手资料。因为很少有公司能拿到竞争对手客户的行为数据（如客户每年在特定竞争对手那里的采购量）。

S-购买意图研究

有一个面向准大一新生的市场调研项目。如果开设一门新课程，将海外旅行与体验式学习相结合，形成一种小型的空档年，这门课程对准大一新生有多大的吸引力？设计这门课程的初衷是，学生在经历了紧张的高中生活后，这门课程可以让他们从中得到迫切需要的休整，同时还能开始其本科学习。他们会在三个月间从澳大利亚旅行到欧洲的一家酒吧，套餐包括机票、住宿和餐费，还有每周工作五天的全额工资。上课时间安排在休息日，课程内容也进行了创新，更适合学生们"游客"的身份。

这种学习经历很像是电视节目《极速赛车》。学生们两人为一组，可以通过任何移动设备登录服务器，拿到一个位于某个地点的问题。他们必须前往该地点才能解决问题，在此期间他们还需要具备在线研究、观察、互动和现场解决问题的能力。向服务器反馈正确的答案之后，他们才会被允许访问下一个位置，获取下一条线索。选择这些地点是为了促进学生关于商业和创业的互动体验式学习，例如分别去巴黎和阿姆斯特丹过周末，了解某家特定企业是如何运营的，或伦敦与澳大利亚本土的企业有哪些差异。到不同的地方旅行，解决各种各样的问题，本质上是将他们的旅行体验转化为一个循序渐进的学习计划。修完这门课程的学生就能得到大学创业课程的两学分。

这门课程在阳光海岸大学（USC）真实存在，是一门双选修课，学费为9000澳元，学生在伦敦赚取的收入能抵消大部分费用。USC作为该课程的发起者，在不到三个月的时间里调研了近200名学生，有六分之一的人表示愿意报名。结果证明这个数据是极不准确的——700名要上基础商科课程的大一新生，没有一个人选这门课程。这个例子说明在可能的情况下，对客户的研究要建立在可视的行为上，而不是建立在他们口头陈述的意图上。

基础数据是从客户（包括竞争对手的客户）那里收集来的，最常用的方法是在线调查。在线调查是了解客户反馈的有效工具，对客户体验绘制与设计大有用处。收集基础数据不存在匹配问题，并且允许客户提供相关方面的评估。

设计定量调查时要牢记以下几个目标：

1. 提出一种实用的细分方法。
2. 确定关于满意度和推荐度的驱动模型。
3. 确认或更改 Kano 模型的类别。
4. 收集客户体验关键因素的基准数据。

设计科学的定量调查可以弥补下图所示的差距。左边是客户体验的定性方面，包括客户如何做、如何想、如何感受。右边是与客户行为、框架和忠诚度相关的变量，定量调查主要是由图中最右边几个框框里所列的有关问题构成的。

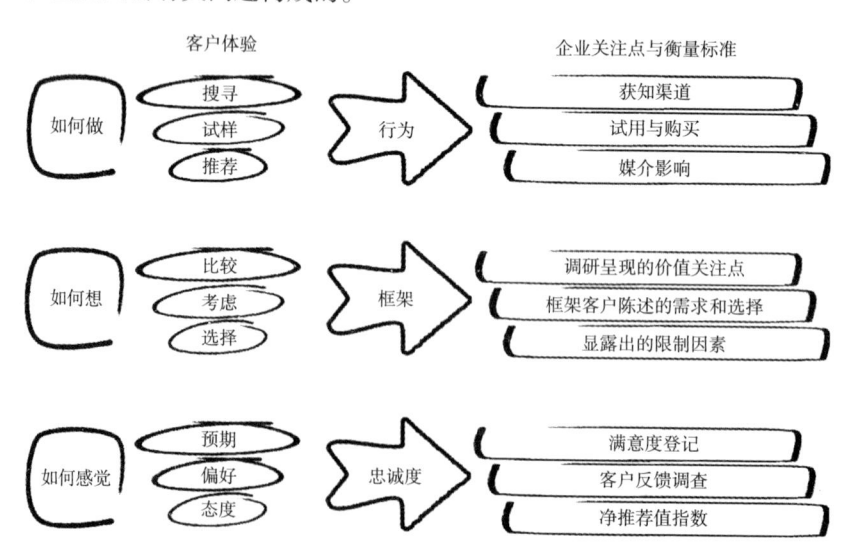

客户体验			企业关注点与衡量标准
如何做	搜寻 / 试样 / 推荐	行为	获知渠道 / 试用与购买 / 媒介影响
如何想	比较 / 考虑 / 选择	框架	调研呈现的价值关注点 / 框架客户陈述的需求和选择 / 显露出的限制因素
如何感觉	预期 / 偏好 / 态度	忠诚度	满意度登记 / 客户反馈调查 / 净推荐值指数

识别细分市场是门艺术

定量调查一般可提供 4 到 6 个可测量、可操作、有效的切片。可测量切片的长处在于能够根据其规模的大小吸引相应的预算拨款、资源和关注度，而如果仅凭心理分割，通常是不可行的。有的时候，行为分割也能展示规模的大小，但最常见的还是依靠公司信息系统抓取的客户统计数据。尤其是客户账号信息，一旦与客户的经济价值相挂钩，就会变得相当有用。但统计学的短板在于，比起其他方法，它更缺乏可操作性和有效性。

假设你在定位某件零售或其他 B2C 的产品和服务时，花大力气打听消费者住在哪个郊区，远不如针对他们的购买模式或生活方式进行营销来得实在，今天整个在线商务行业就采用了后面这个观念。再假设你在定位商业咨询或其他 B2B 服务时，仅仅依据客户的规模、行业也是远远不够的，倒不如瞄准那些潜在的回头客，或者对你提供的特定咨询感兴趣的客户更为有效。

行为分割通常是最容易的办法，尤其在零售业里，客户体验过程中的各个接触点就可以根据顾客的行为来设计和分类。优秀的电器销售人员会根据顾客是否带着家人一起以及顾客的穿着来决定如何与他互动。网上零售业也是如此，谷歌会根据用户最近的搜索和浏览记录，向他们提供广告服务。然而，如果客户的行为不能提供有关其心理状态的线索时，行为分割的有效性就会大大降低了。

例如，客户建立自我管理养老基金可能出于很多种原因：希望更好地管理他们的退休金，现有资金管理机构要收费或投资利润降低，希望他们的投资选择更加灵活，或者是相信自己能获得更好的回报。你无法确定客户建立一个自我管理养老基金账户究竟是受上面哪个原因驱动。如果基金经理们希望留住或者重新唤回这类客户，就需要更深入地挖掘他们的动机。

S-错失机会的"酿由你"

对尝试自制啤酒的人来说，最大的难题就是怎么酿出品质稳定的啤酒。自己在家酿酒的人总是骄傲地宣称自己最新的作品就像"神赐甘露"，但事实并非如此。制造高品质的啤酒，需要在酿造过程中仔细甄别原料，在发酵过程中严格控制温度，这让自制啤酒的人很难做到。所以，"酿由你"（Brew-By-U）的诞生就是为家庭提供一个用来酿造、发酵和储存啤酒的地方。这家公司为顾客提供一些名牌啤酒和精酿啤酒的配方，让顾客自制的啤酒从好变成更好。

这家公司大力推荐家庭自制啤酒的益处也是为了节省成本。公司在自己的店面里也生产啤酒，并许诺为购买其产品的家庭和自制啤酒的人提供免费的无限品尝服务（虽然通常只有一到两种啤酒可供选择）。它卖给客户的酿酒设施，功能类似于车库或者货棚，主要针对的是工薪阶层。

"酿由你"公司凭直觉认为，工薪阶层男性是它的目标市场，因为这群人比其他人更有可能在自己家里酿酒喝。然而，关于谁是它的客户，公司停车场却透露出不一样的信息。停车场里没有出现为普通商业人士和其他体力劳动者所青睐的性能强劲型汽车，相反，你经常会看到高端人士的豪华轿车在阳光下闪闪发光。对那些喜欢葡萄酒的有钱人来说，"自制啤酒"比普通的啤酒更具吸引力，甚至可能是替代昂贵葡萄酒的选择。精酿啤酒在该公司的总部所在地——昆士兰州东南部越来越流行，相较之下，"酿由你"的发展无疑是缓慢的，截至目前只开了9家店面。长远来看，该公司目标细分市场定位的失败减缓了它至少十年的发展。

心理细分可以有效地进行市场定位，但缺点在于难以衡量和付诸实践，安利直销商根据加入者的不同需求调整策略就是一个例子。每一个新加入者的性情不同，加入安利的目的也不同。[①] 对于性情易怒的人来说，它意味着你成为自己的老板；对于性情开朗的人来说，这份工作意味着你可以发挥社交专长，和更多人打交道；对于性情忧郁的人来说，安利的业务系统、管理流程和销售数额会成为他关注的重点；对于性情冷静的人来说，退休后可以享受被动工资这一点很有吸引力。从理论上讲，用心理细分的方法十分有效，但在实践中却很难使用。

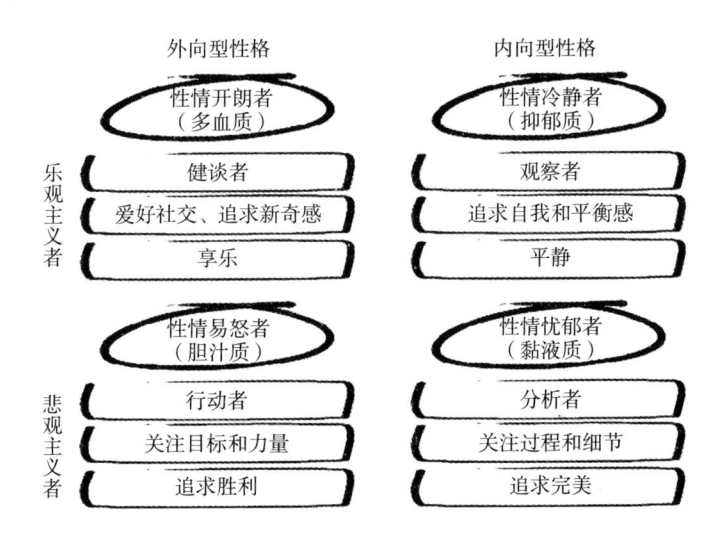

	外向型性格	内向型性格
乐观主义者	性情开朗者（多血质） 健谈者 爱好社交、追求新奇感 享乐	性情冷静者（抑郁质） 观察者 追求自我和平衡感 平静
悲观主义者	性情易怒者（胆汁质） 行动者 关注目标和力量 追求胜利	性情忧郁者（黏液质） 分析者 关注过程和细节 追求完美

同样，也没有简单的办法评估哪种人最容易在职场应聘成功。性情易怒的人较为顽固，工作努力，但往往对前途预期过高；性情开朗的人待人友好，很有魅力，但缺乏贯彻执行力；性情忧郁的人秩序井

[①] 这里引用的性格分类在弗洛伦斯·妮蒂雅的著作《你的性格之树》中有详细介绍。它与 DiSC（人类行为语言）等其他基本性格分类理论十分相似。DiSC 理论中的支配型对应的是胆汁质，影响型对应的是多血质，稳健型对应的是黏液质，谨慎型对应的是抑郁质。

然，一丝不苟，但当现实偏离计划时，他们常常心生抱怨；性情冷静的人较为温和，与人为善，但很难促使他们采取行动。因此，企业很难将招聘目标定为某一特定性格的人，这也不利于之后的灵活变通。此外，想要快速识别出每个候选人属于哪个类型，需要大量专业知识储备，况且还有许多人为了表现得更靠谱，总是努力想隐藏自己的真实性格。大量结果表明，挑选特定类型候选人的计划成功率很低。

解决这些问题，可以使用一种基于两个维度的分割方法。一个维度是将客户分为两组；另一个维度是将这两组分成两个或三个部分，由此创建一个2×2或2×3的细分法。每个维度由不同的变量所分割，可能出现的组合有：

- 人口统计学和行为学。
- 行为学和心理学。
- 心理学和人口统计学。

你可以通过关联性选择任何一种组合，它涵盖了所有单一的细分法（人口统计学的、行为学的或心理学的）可能遗漏的信息。因为这三个细分法都包括在内（前两个是显性的，第三个是通过关联性）。通常情况下，你可以通过测试多个组合中的不同变量以找到最优选择。

M+股票经纪人使用的细分法

我们曾为澳大利亚最大的在线股票经纪公司之一提供服务，这家公司的主要业务是股票交易和研究，还有期权交易和保证金贷款服务。该公司一度被这样一个难题所困扰，即用何种细分法才能更有效。高管们声称，以前的细分法使用效果不好，因为它过于复杂，而且未能满足各部门之间不同的管理需求。调查发现，该公司共使用了16个不同的细分变量，主要合并为三种类型：

客户价值：指从客户的交易活动中赚取的经纪、保证金贷款利息、现金账户利息等费用。虽然经纪业务是主要收入来源，但对有些客户来说，利息收入也相当可观。专注于收入、盈利或投资回报的直线经理更倾向于基于客户价值的细分法。

客户成熟度：指客户具备交易知识和市场信息的水平。客户正是利用这些知识和信息进行交易和风险管理，包括使用的交易软件、参与的在线论坛以及其他信息源。负责与客户沟通的支持部门人员往往更关心客户的成熟度，因为这影响他们与其打交道的风格、内容和深度。

客户产品多样性：指客户拥有交易账户和产品的不同类型，包括是否有自我管理养老金基金（SMSF），是否交易期权或使用保证金贷款。

公司为了发展壮大，在内部设立了职能部门，每个职能部门重点关注某一个领域。这些职能部门的员工更关心客户是否在他们的目标市场当中，尤其是对 SMSF 客户的关注，但这反而增加了业务操作的复杂程度。公司内部有一部分人的观点是，SMSF 客户应该与其他客户区分开来，可当时的定量研究和分析并没有为此提供支撑。于是，我们对匿名账户信息（二手数据）进行了分析，设计出一种适用于整个公司的细分法。

我们发现了两个变量，可以将客户分为四个规模相近的部分。首先是客户的交易量。我们将月交易量不足两次的客户视为投资者，他们持有股票的时间可能会超过一年；频繁调头寸的客户是日内交易者。然后，我们用产品持有量对这两组客户进行了再分割。

一些客户只买卖股票，另外一些客户除了股票，还买卖期权或保证金贷款账户。这种细分法的长处在于，任何客户都可以根据这两个指标（年度交易量和产品持有量）进行分类。于是，结合经济、行为和心理特征将客户划分为以下四类：

简单投资者：数量最多、个人价值最低的客户，他们相对不太成熟，信息需求有限。

股票交易者：沉迷于股票市场日常运作的客户，炒股线图软件的主要使用者。

其他投资者：风险厌恶系数较低的客户，会运用更加复杂的交易策略，如保证金贷款或期权等。

其他交易者：最不常见、最具个人价值的客户，拥有高水平的专业技能，对市场数据、分析、观点等非常敏锐，尝试自己预测未来的股票走势。

有了上面的分类，就能够根据每一细分类型客户的需求、喜好、看法，设计特定的客户体验。其他交易者（数量只占客户总量的3%，但其收入占到全部收入的28%）更适合个人化的服务，简单投资者（78%的客户和28%的收入）只接受在线和自动化服务。从收入占比上来看，这四个部分的收入各占16%到40%，让每个部分的价值占比接近整体业务的25%，就可以消除部门间预算分配的潜在矛盾，这是该细分法的另一实用之处。因此，2×2的细分策略可测量、可操作，具备有效性，就是因为它整合了三种细分方法（人口统计学、心理学和行为学）。最终，该公司采用了一种更为复杂的细分策略，因为高管们相信，将市场切分成更多、更小的部分，有利于更好地分配资源和任务。

价值驱动贯穿市场定位

定量分析不仅可用于创建细分方法，相关对比和回归分析也被用来创建价值驱动模型。这些模型会显示，客户的推荐度和满意度是如何通过TERMS理论和Kano模型导出的。通过回归分析对这些输入与输出进行加权，其中，创新领域的权重更为突出。

作为一种工具，价值驱动和决策模型应该少于8个输入端。这是因为大多数人在短时间内只能记住 3~7 个不同的条目。① 为了减少潜在输入端的数量，你需要寻找它们之间的相关性。如果有两个或两个以上的输入端存在相关性时，就用一个结构变量替换它们，比如这些输入端的总和或平均值。确定一系列的输入端之后，再逐步运用回归分析技术。

S+私立学校的价值驱动

图文巴基督教外展中心（The Christian Outreach Centre Toowoomba，简称 COCT）做过一项研究，了解父母为孩子寻找学校时最关心的是什么。我们采访了 30 个在该校就读学生的家庭后发现，父母最关心以下 12 个因素：教师对学生的关爱程度、教学方法、学习成果、学校品德教育、位置便利性、学校声誉、管理者信誉、交流情况、提供学科范围、体育项目、课外文化活动、教室和操场设施。随后，我们又进行一轮在线调查，收集来自不同学校 250 多名家长的数据，请他们对这些潜在的价值驱动因素，以及他们对孩子所在学校的推荐意向性进行评估。通过分析推荐度与价值驱动因素之间的关系（运用多元线性回归）发现，超过 75% 推荐意向性出现差异的原因可以用所列出的驱动因素进行解释。通过回归分析，在误差允许的范围内，我们估算出了每个价值驱动因素的相对重要性。有些驱动因素不是特别重要，所以在排除这些变量后重新进行回归分析。结果显示，"瘦身"后的新模型仍然可以解释几乎 75% 的推荐度差异。在多次重复这种循序渐进的方法后，研究结果浮出水面：私立学校家庭推荐度的高低主要取决

---

① 值得一提的是，以粤语为母语的人短期内可以记住 8~12 个条目，原因是他们独特的语言构造：一个词语由两个字组成，每个字有四种发音方法。为了避免可能听错发音，说广东话的人必须在记忆中保留更多的句子，才能听懂对方真正在说什么。这种笨重的语言云在拓展短期记忆方面提供了一线希望，但也可能只是传说罢了。

于四个价值驱动因素：关爱、教学、地点、价值观。令人颇感惊讶的是，费用因素是非常次要的，只占不到3%的比例。驱动因素从十多个减少到四个，并没有影响模型的质量。公立学校的情况与之相似：教学、关爱、声誉和价值观，这四个因素影响学生家庭的推荐意向。使用仅有四个变量的模型依然能够解释前述方法中近85%的差异，并得出令人信服的结果，因为在这两个模型中，随机数据发生的概率均小于4‰。

基于此次的调查数据，COCT还在四个最重要的推荐度驱动因素上与当地的其他学校进行比较，并对类似行业的竞争对手进行了平均评级，得出一个更有用的结论。在对比了自己的业绩和行业平均水平之后，COCT确定下一步的投资重点。最后，家长们的客户体验得到改善，学校的口碑也得以提升，注册入学人数大为增加。

创建价值曲线

在使用逐步线性回归创建价值驱动模型之后，下一步就是创建价值曲线。价值曲线最早是由W. 钱·金和勒妮·莫博涅在《蓝海战略》（2005）一书中解释的。下面的示意图是一条与新骑手购买摩托车相关的价值曲线。横轴是五个价值驱动因素，纵轴反映每个因素的评分高低。理想的摩托车在款式、动力和舒适度方面都应该是最好的，体积比一般摩托车大，但不是最大的，而且还是免费得来的——这样的摩托车简直就是罕见的独角兽！皇家安菲尔德款式新、性价比高，但体积小、动力不足，而且是单缸发动机，振动过于频繁。本田动力不错，但体积小，价格昂贵。最接近理想型的是雅马哈VStar摩托车，舒适度、大小和价格都接近理想值，在款式和动力方面也位列第二。这意味着摩托车骑手整体上将更满意VStar。

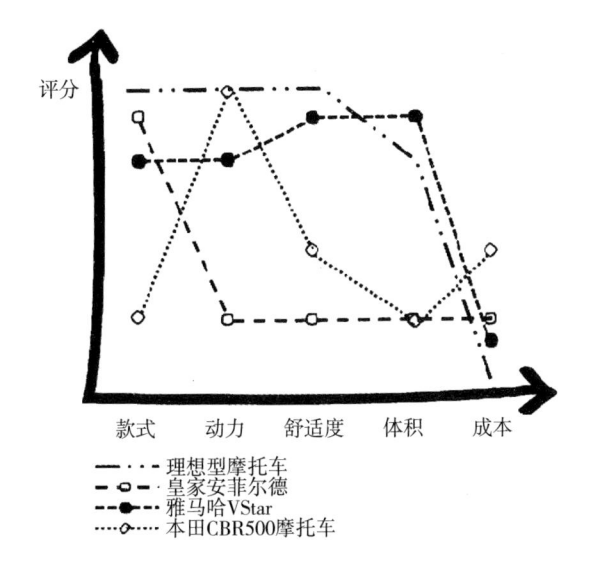

```
         ↑
     评分│
         │    ╱╲      ●────●
         │●╌╌●  ╲  ╱╌╌╲ ╲
         │   ╲   ╲╱    ●  ╲
         │    ╲  ╱╲         ╲
         │     ╲╱  ╲          ╲
         │      ╲   ╲    ○  ○  ●
         │   ○   ●───●───●      ╲
         │  ╱                    ○
         │ ○
         └─────────────────────────→
           款式  动力  舒适度  体积  成本

           ╌╌●╌╌  理想型摩托车
           ──○──  皇家安菲尔德
           ┄┄●┄┄  雅马哈VStar
           ──○──  本田CBR500摩托车
```

上面的价值曲线图对摩托车制造商或经销商来说用处不大，因为它只涉及一个骑手。最好从一种有效的细分法开始，再运用前文所讲的逐步线性回归方法来确定最重要的推荐度驱动因素，也就是横轴上的表现维度。这时候的问题就只剩下了解市场上不同竞争对手的平均表现了。每类市场上至少有一条价值曲线是有用的，但如果你想得到更精确的结果，就需要为每个细分市场创建各自的价值曲线图表，这些图表对说明市场定位大有用处。

寻找市场漏洞

在供应过剩的市场中，怎样寻找增长点成为一个问题。解决该问题的途径之一就是创建一幅市场地图，找到其中存在不足的领域，也就是漏洞。市场地图应该是一个二维的图表，显示出现有产品和服务或竞争对手如何覆盖市场的各个部分。创建市场地图的核心在于选择正确的变量，即所有细分领域均具备的价值驱动因素子集。推荐度、价值、购买决定，这三个驱动因素中任意两者的组合都足以创建一幅市场地图。但如果通过不同的两两组合还不能发现任何漏洞，那么你就需要运用自己的商业头脑来推测，由哪个变量主导的市场地图才能帮助你达到这一目的。

S+OBT的市场地图

下面这幅简单的市场地图针对的是2000年前后的高层建筑维修服务。这项研究是我们为当时的奥的斯电梯建筑技术公司（OBT）所做的，目前OBT由另一家公司拥有，使用别的名称。研究中我们发现，该领域的推荐度驱动因素与项目承包风险和提供的服务范围有关。高层建筑的正常运转大体上需要10种服务项目。其中，涉及电梯、空调和建筑管理系统的专业或高科技行业提供维修服务的价格高昂，所以业主一般会采用价格固定的综合性维修模式。根据综合性维修合同，平日里所有的修理费用都涵盖在年度维修费当中，也就是说，承包商签下了一份固定期限内不限次数的服务承诺。

而其他行业，如消防服务和高压电器维修，一般采用成本较低的预防性维修。根据预防性维修合同，承包商按照议定的维修服务时间表收取固定的费用，任何额外的维修都按小时另外计费。此外，像管道修理这样的简单行业不怎么签订合同，这类工作只要维修工按需完成即可。现在，客户面临的问题是，综合性维修合同花费高，而预防性维修合同有风险。

规模越大的维修服务公司越倾向于综合性服务合同。另外，越是技术含量高的行业，制造商在维修自己的设备方面就越占优势。有些公司只专注于一个领域，规模较大的如专门制造电梯的迅达、通力和奥的斯，或专做暖通空调系统的开利、特灵等公司，它们在维修自己的设备方面同样遥遥领先。也有一些商家没有生产设备，但是提供空调、电力或管道维修服务，有些甚至能提供两到三种服务（如江森自控和霍尼韦尔提供电池管理、安保和部分消防服务）。最后一类维修公司即设施经理，这类承包商通常不需要太多的技术人员，但是他们会承包高层建筑维修的所有项目。设施经理合同中可以采用固定价格，也可以采用成本百分比或费率，一般情况下，设施经理承包商不会因超出预算的成本而陷入困境。

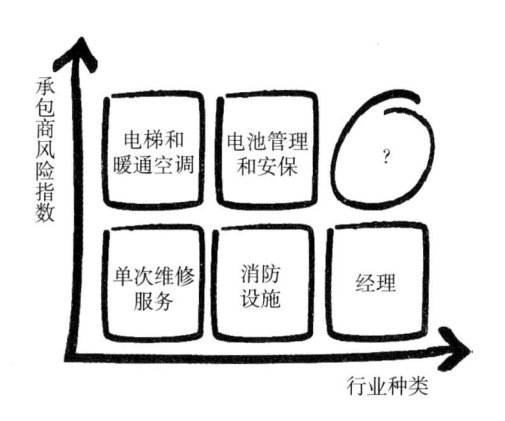

通过上面这幅简单的市场地图，奥的斯电梯建筑技术公司需要瞄准的市场漏洞就显露了出来。奥的斯认为，在固定价格的综合性维修基础上提供设施经理服务方面还存在一定的市场空间。但运用到具体实践中还有一定的阻碍，主要是与一些高层建筑的租赁公司进行竞争，因为租赁公司往往给自己合作的设施经理多支付一定比例的费用，请他们同时为业主提供服务。奥的斯建筑技术公司的优势在于它的客户，包括俱乐部等较小的场所，而这些地方的所有权和管理权没有分离。商机由此出现。

此外，绘制市场地图还需要考虑以下两点：

1. 尽量避免将价格作为轴心变量，这往往会使关注点从差异化走向成本优先。

2. 如果地图的信息过于庞杂，最好以群组化的方式呈现战略竞争对手的整体情况，而不是单个的产品或竞争企业。

S+绘制澳大利亚啤酒市场地图

近年来，随着精酿啤酒开始流行，澳大利亚的啤酒市场呈指数级增长。目前，澳大利亚国内市场有超过1500种啤酒品牌。下面这幅市场地图基于2012年前后的数据，将几个不同的啤酒细分市场呈现在了同一张地图里。地图无意于展示每一个单独的品牌，而是按照上面第二条原则，呈现战略竞争对手的整体情况。

地图的横轴是根据酒精含量（轻度、中度和高度）划分的啤酒种类，纵轴使用的变量是声望而非价格，符合上面我们所说的第一条原则。在啤酒市场上，声望是一个很有意思的概念，因为所有啤酒配方的成本都差不多。成本差异与规模有关。由于高档啤酒售价较高，图中右上角的啤酒供应严重过剩。规模生产商享有更高的利润率，相较而言，精酿啤酒制造商则缺少成本优势。

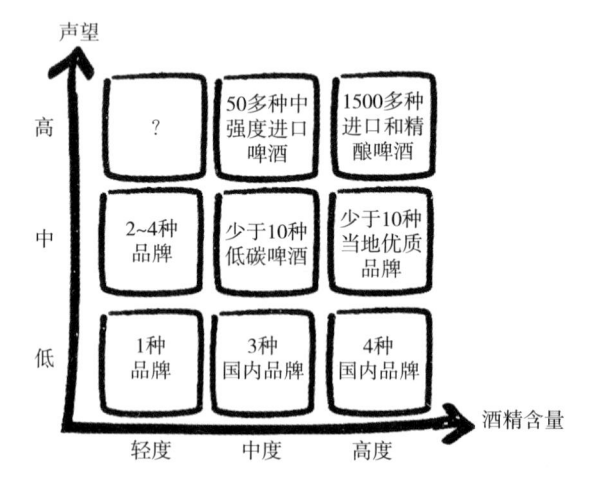

声望	轻度	中度	高度
高	?	50多种中强度进口啤酒	1500多种进口和精酿啤酒
中	2~4种品牌	少于10种低碳啤酒	少于10种当地优质品牌
低	1种品牌	3种国内品牌	4种国内品牌

（横轴：酒精含量）

高端市场包括高档进口啤酒和精酿啤酒，低端市场主要是针对工薪阶层顾客的啤酒。整体上，低端啤酒市场由规模生产者所主导，它们有一整套贯穿批量生产、分销和营销的策略，并辅以周期性折扣手段。这使小型精酿啤酒制造商很难进行规模扩张。声望处于中间位置的是产自本地的高档啤酒（比许多国内品牌的啤酒好，但还是比不上进口或精酿啤酒），以及低碳啤酒（在澳大利亚最有名的是"金发女郎"牌啤酒）。这些啤酒的目标群体是注重健康的男性，在这项研究进行过程中，我们发现这类男性的数量越来越多，他们是增长最快的细分群体。

这张地图显示，低价优质的进口啤酒市场还存有漏洞，本地优质啤酒或低碳啤酒的市场竞争相对较小。

根据以前积累的经验，我们可以做一次基准总结。列举出所有存在创新机会的领域，由此了解公司在客户旅程阶段、接触点、影响者、痛点、细分市场和价值驱动等一系列领域是否优于、同于或低于主要竞争对手。下一章将介绍如何在这些提升客户体验的机会中逐步改进，进而获得战术优势。

第五章　如何实现渐进式客户体验升级

显而易见，改善客户体验应该从消除或减少绘制客户旅程过程中所确定的痛点开始。痛点分为五个方面（TERMS）：

1. 时间（Time）。
2. 情绪（Emotion）。
3. 风险（Risk）。
4. 金钱（Money）。
5. 情境（Situation）。

这些元素的集合通常会有一个最佳点，如下面的这条"盐曲线"所示：

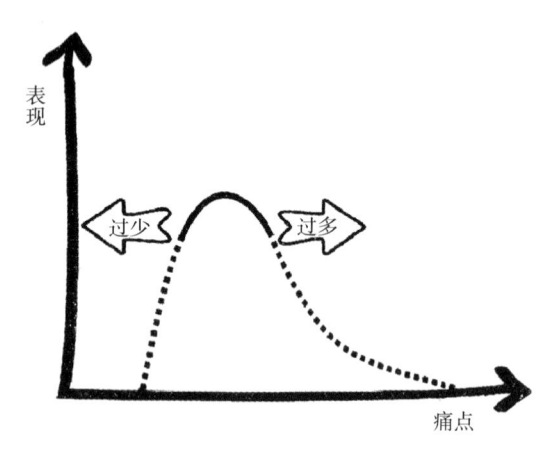

所谓"盐曲线",得名于此——饮食中如果没有足够的盐,人将会因为血压得不到调节而死亡;饮食中如果摄入过多的盐,人将最终死于高血压。这条曲线很有趣,因为左侧的曲线下降很快,而右侧下降相对平缓。我们生存所依赖的许多元素都和这条"盐曲线"一样,比如热量、水、氧气和食物。客户体验也不例外。

接触点的交互情况如何,取决于它处于高效率和适当混乱之间的哪一点上。等待服务的时间过长对任何人来说都不是件愉快的事情,尤其当你生着病去医院准备接受治疗时。然而,当你最终坐在医生对面时,你又希望医生能够多花些时间,对你进行一个正确的、深思熟虑过的诊断和治疗。时间因素也与持久性和结果有关。例如,你在减肥或护理皮肤时,如果效果出现没有你想象的快,你可能就会感到失望,失去动力。同样,如果你新买的吸尘器、汽车或立体声音响刚过保修期一天就坏掉了,你一定会倍感郁闷。另外,有些东西时间越久,品质就越好,如葡萄酒和威士忌根据陈酿时间来区分高下,就像人与人之间感情的深厚根据他们相识的时间长久来衡量一样。

T - 等待时间过长引发更多痛点:以佛罗伦萨安飞士为例

安飞士是世界第三大汽车租赁公司,在全球拥有5500多家门店,2015年营业额达85亿美元。该集团成立于美国,业务遍及北美、南美、印度、澳大利亚和新西兰。它还收购了安飞士欧洲有限公司,之前这只是一家安飞士品牌的独立授权公司。从1962年开始,安飞士提出"再接再厉"的著名口号;2012年改成新口号"这是你的地盘"。尽管安飞士集团已经相当成熟,而且历来注重客户服务,但遗憾的是,在安飞士的一家门店,我领略到了我所经历过的最糟糕的时间型客户体验。

当时,我和我的搭档在意大利佛罗伦萨度假。周六中午刚过,我们就去安飞士门店取我们预订的车。那里的混乱情况超出我们的想象——等待的人群非常拥挤，办公区没有足够的椅子，甚至没有足够的空间容纳这么多人和他们的行李，所以他们不得不站在烈日炎炎的大街上。办公区有一台用来维持长队秩序的自动排号机。根据这台机器显示的信息，目前正在办理的是55号，而排队的人已经到了72号。于是，我和我的搭档商量着，先去附近的一家咖啡馆吃午饭。

一位正在排队的顾客无意中听到我们的对话，善意地提醒我们办公区下午1点就关门了，如果我们回来晚了，他们将不予接待。我不禁有点着急，因为15分钟过去了，排队的人根本没有动。于是我挤到队伍前面去询问一位女工作人员，对我的打扰她很是愤怒，但还是解答了我的问题，告诉我说只要我们拿了号坐在店里等着，1点之后还能取到车，否则我们就会被关在门外。言下之意就是他们会办理完1点前所有排号的顾客之后才下班。了解情况后，我们拖着行李来到街上的一家咖啡馆，吃了一顿仓促的午饭，然后在45分钟内急忙赶回来，发现队伍刚排到57号。

等待的人越来越多，大家渐渐失去了耐性，工作人员也越来越急躁。下午1点时，工作人员宣布他们准备关门了。可是路上还有那么多人和行李，关门根本不可能。一名女工作人员不停地催促非司机的顾客将行李从办公区搬到安飞士的车库里，有一位母亲不愿意带着她的三个孩子离开，那名女工作人员竟对她大吼大叫起来。这位母亲解释说，她是所租车辆的司机，可是她的孩子们太小了，不能离开她单独去车库，必须有人看护。这位母亲和工作人员用意大利语争吵了起来。随后，工作人员用英文说，他们从早上7点半就来上班，现在他们只想回家休息；接着，她继续强调，不是司机的人把行李拿到车库然后在那里等着，这真的很简单。显然，这位女工作人员没有理解那位母亲关于安全的担忧，或者即便理解也觉得她是在无理取闹。其他一些顾客按要求离开了他们的司机同伴，一部分带着行李去了车库，另一部分将行李留给继续在这里等待的司机。留下来等待的人们坐在地板上，因为仍旧没有足够的椅子。过度延迟一度造成了场面的混乱。

这时我们比预计取到车钥匙的时间晚了一个多小时，不得不与下午约见的人重新安排时间，可安飞士办公区没有无线信号，我和搭档两人中必须有一人回到咖啡馆，使用那里的网络联系。最后的结果是，我的搭档被关在安飞士办公区的门外，这是将旅行团队成员分开所导致的另一个问题。

在我等待的过程中，先后有三位顾客在办理好手续离开时找不到自己的包，他们搞不清楚是被同伴带到了车库，还是被别的顾客无意中拿走，或者是被小偷偷走了。下午1点，办公区已经锁了门，车库里的通信信号又极不稳定，同伴之间联系不畅，进一步加重了大家的担忧。然而，即使在这种情况下，安飞士的工作人员仍旧"坚持原则"，规定只要是离开办公区的人就不能再返回来。

最糟糕的还在后面，下午1点以后，有另外三个人出现在办公区外面，所有人手里都拿着安飞士租车预约的纸质凭证。尽管他们隔着玻璃门大喊大叫，把文件贴在窗户上，工作人员还是不允许他们进来。这些人无比沮丧，特别是其中一人在1点之前一直在这里等待，他根本不知道其他人是如何得知要在1点关门的。一名工作人员走到外面对他大喊"你迟到了，别怪我们工作人员"，并且再次强调工作人员从上午7点半一直工作到现在，现在只想回家。另有一对夫妇，原本预约的就是1点来取车，结果工作人员告诉他们只能去机场门店取车，需要的话，工作人员大可帮他们叫一辆出租车。对于安飞士的工作人员来说，他们不在乎是否有人告知顾客办公区要关门的事情，也不会接受下午1点零5分赶过来或预约取车时间就是1点的顾客。只要是下午1点后才来的人都会被拒之门外，尽管他们明明看到办公区里仍旧有人在等待办理。

下午2点，终于排到了72号。天气炎热、拥挤不堪、压力巨大，我和我的搭档在这个没有无线网络、没有洗手间、没有饮用水的房间里等了两个多小时，只为了租到一辆已经预付了租金的汽车。虽然延误这么久，其他人也一直在等，工作人员也仍在试图向我们推销保险和昂贵的加油服务。每签订一份合同，都需要工作人员手工打字十分钟，还要花大把时间复印我的护照、驾照和办理信用卡预授权。即便如此，工作人员还是不紧不慢，坚持要和我一起详细地看一遍合同细节。问题的根源就出在这个地方。

在公共服务领域，这种冗长不已、令人泄气的官僚主义做派极其常见，因为没有足够的市场竞争激励它改进服务。欠完善的管理模式、不健康的组织文化，以及糟糕的制度共同导致了令人失望的结果。于是，办公区工作人员卖力工作只是因为他们必须遵守工作规则，却完全不关注客户体验。员工可能会因为合同中一个小小的错误而受到惩罚，并不得不通过向顾客游说别的购买项目来增加收入。因此导致烦琐的组织文化，诸多人为因素使本来在设计和执行环节就存在问题的流程变得更为复杂。大量的人工文书工作暴露出另外一个问题，该公司更注重规避合同风险，而不是致力于更好地服务客户。在还有许多客户在外等待的情况下试图提高销量，这种想法可谓鼠目寸光：任何收入的增长都会被不良口碑带来的负面影响所抵消。当我们离开这家门店时，我只有一个想法，就是希望让我的旅行社知道，如果可能的话，永远不要再给我们预订安飞士。

尽管有这样的要求，最近我们去英国时，因为签订了"一揽子"协议，安飞士再次成为我们的租车供应商，并附送希思罗机场的接机服务。因为有佛罗伦萨的可怕经历，这次安飞士周到的服务让我们刮目相看——柜台交易几乎全部取消，而是通过在线预订获取所有必要信息。没有排队、没有保险、没有反复劝说加油，为了省去我们等待洗车的时间，安飞士甚至将我们原先预订的汽车进行了升级。

这个案例充分表明了时间溢出将会引发一系列问题：延迟导致客户和员工产生压力（情绪方面），增加了拥挤程度（情境方面），提高了儿童安全和行李安全的隐患（风险方面），进而减少了销售上升的空间（短期金钱方面），增加了更多批评声出现的可能性（在长期金钱方面表现为损失销售，在情绪方面表现为损伤品牌）。消除时间方面存在的弊病可能无法直接带来竞争优势，但如果没能做到及格的话，肯定会招致批评，损伤品牌，降低收入，尤其当你面对另一个做得还不错的竞争对手时，更是如此。

针对基于时间的客户体验，下面的图表列出了一些改进措施：

因素	T-（时间过短）	T+	T-（时间过长）
客户等候时间	没有排队可能意味着客户没有需求	到达逐渐有人想插队的程度	等得太久会让客户感觉无聊或无礼
服务时长	太短可能意味着服务不够仔细	预约定制式的高效服务	太久会给人不够称职的印象
产品耐用性	太短表明质量差	额外免费的延长保修	太久则有定价过高的风险
后续效果	效果显现太快会使购买贬值	先有小的、快速显现的效果，再随着时间逐渐深入	效果显现太慢会降低客户信心
成熟过程	缺少成熟过程表明不够精致	提前控制好的成熟过程	成熟过程太久可能意味着过了最佳使用期
物流过程	没有提供物流跟踪信息	快速运送，且有详细的抵达时间表	运送拖延时间过久

T + 亚马逊"一键购买"设置实现即时满足

与时间相关的最佳创新案例就是亚马逊的"一键购买"按钮。1999 年,亚马逊为这项创新申请了专利,从那以后,它一直高度警惕地捍卫自己的这一垄断权利。通过这个按钮,消费者无须使用购买车就能完成网上交易。这一创新背后反映的客户体验心理颇值得研究——一键购买避免每次购物都要重新输入信用卡信息的烦琐,尤其适合现代人的冲动型消费。不过,亚马逊推出一键购买的宗旨实则是让购买控制权牢牢地掌握在消费者手中,这与普通订阅或自动充值不同,后者是在消费者没有表现出明确的购买意向时反复向他们发送广告。亚马逊起诉巴诺书店剽窃这项创新专利的案件曾经轰动一时,之后批准了在苹果产品上的一键购买。此外,亚马逊还在一键购买的基础上开发了 Dash 和 Echo 的订购系统。Dash 是一个带有无线网络功能的实体按钮,可以贴在冰箱或洗衣机上,通过按这个按钮就可以重新订购某一商品,比如你喜欢用的特定品牌、特定容量的洗衣粉。Echo 是一款同样支持无线网络的实体语音接口设备,你可以通过它命令 Alexa(相当于亚马逊的 Siri)执行搜索、播放音乐、控制智能家居,当然它也能进行网上购物。

情绪始于共情

客户体验管理的终极目的是与客户展开持续良好的交互,从而培养良好的情绪。下图是根据罗伯特·普拉切克的"情绪轮盘"改编而成,展示了一种绘制情绪图谱的方法。图片中心列举的钦佩、恐惧、

第五章　如何实现渐进式客户体验升级 | 077

惊诧、悲痛、崩溃、挫败、紧张、狂喜是八大基本情绪，它们由外面一层较弱的情绪强化而来，如钦佩是建立在信任的基础上，而信任是在接受的基础是建立的。轮盘中的每一种情绪都有自己对应的情绪，如惊讶对应的是期待，乐观对应的是沮丧。外圈显示的最强烈的情绪是由另外两种情绪构成，例如，接受和担心构成了顺从，恼怒和无聊构成了蔑视。

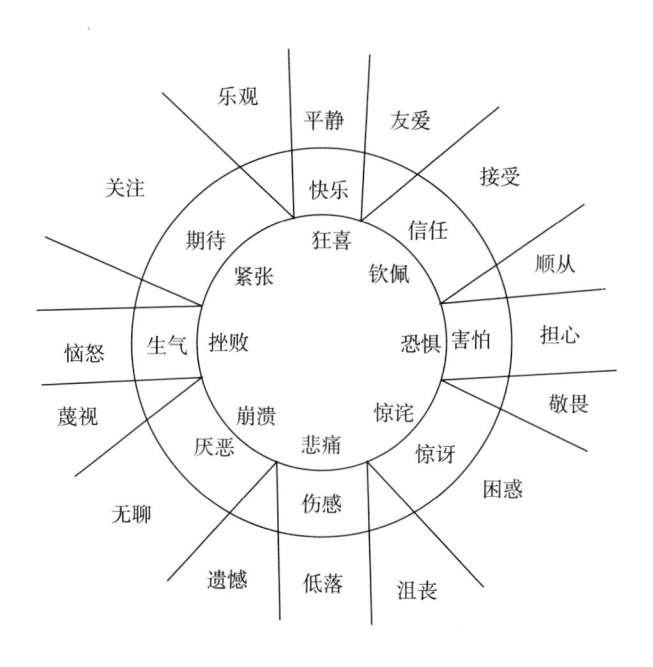

对于改进基于情绪的客户体验，没有万能的解决方案。与情绪相关的客户体验要实现渐进式改善，就需要帮助客户从消极情绪转变为积极情绪。根据上面的图表，不管从哪一种情绪起步，都可以找到改进的方向。

E-乘坐布里斯班渡轮的"生气"

客户体验极其重要的一点，就是确保面向客户的员工是真正热爱自己的工作，喜欢与人打交道。不幸的是，有太多的客服人员讨厌自己的工作。最近有一天，我在城市周边的自行车道上骑自行车锻炼身体，享受着布里斯班美好的天气。将近两个小时后，我发觉自己有些累了，这时我所在的位置在我家的河对岸，于是我决定乘坐渡轮回家，幸运的是布里斯班允许乘客带自行车上船。当我上了船要去买票的时候，我问一位客服人员能否刷卡，她回答说"只能使用公交卡或现金"。在我看来，不能使用信用卡或线上电子转账买票，却只能使用公交卡是件很匪夷所思的事，因为你在船上是买不到公交卡的。但是，让政府机构以良好的客户体验为关键目标来规划办事流程，确实是件很难的事情。于是，我选择了付现金。

"你最好别给我一张50元的！"这位客服人员怒气满满地说道。可是，我身上只有一张50澳元的钱，所以我对她笑笑，略无奈地耸了耸肩。"你想什么呢？这可是公交交通！"她竟然咆哮起来，显然对我很生气。当时，我吃了一惊，但很快恢复过来。我仔细想了想自己是否有做得不对的地方，并努力让自己保持最佳喜剧男主角的表情，尽量用轻松的口气回答她说："我觉得自己今天挺适合公共交通的……所以请载我走吧。"幸运的是，正当她勃然大怒时，另一位乘客迅速赶来给我解了围，用两张小面额的钞票给我们两人都买了票。但直到今天，我仍然记得自己只是因为付钱方式不符合对方预期就受到攻击的那一幕。我为那位客服小姐感到遗憾，显然那一天她过得并不愉快，但我怀疑这并不是一起孤立事件。我想不明白她为什么不换工作，更不幸的是，这样的客服太常见了，想想电视节目《小不列颠》里那个著名的《电脑说不》的小品吧！

下面例子中的Toms是一家社会企业，它的客户体验建立在快乐的基础上。所谓的社会企业，就是改良版的盈利型公司。它们以商业方式运作，通过实现自身财务的可持续来促进各种社区目标的实现。许多企业意识到，在企业发展目标中加入社会责任的元素，能够提高长期盈利能力。最值得称道的一点，就是他们的客户直接参与企业的社区活动，有时他们甚至直接与慈善机构和其他非营利组织竞争，以争取客户的赞助。

E+与Toms鞋一同关爱社会

Toms商业模式叫作"一对一"模式，也就是说，顾客每购买一双鞋，公司就将向一位有需要的人赠送一双新鞋。自2006年以来，Toms通过合作伙伴网络在60个国家捐赠了3500多万双鞋，得到社会海量好评。随着公司产品范围的扩大，慈善捐助的范围也在扩大。除了鞋子，该公司还资助教育项目、健康倡议、社区基础设施和其他社会项目。在公司网站上，你可以详细了解顾客每一笔消费所带来的回报。

情绪方面体验的优化通常比TERMS其他元素的改变更为有效，尤其当企业通过迎合客户自身利益来改善客户体验时更加明显。下面T-Mobile的成功就是例证。

E+T-Mobile简单的"非电信"思维模式

T-Mobile在美国电信市场的客户从2013年的3300万名客户增长到2017年的7200万名，其成功的秘诀就是消除许多消费者的情绪痛点。电信业务的前期固定成本较高，因为要为客户安装移动网络，而后期服务客户的成本则相对较低。行业参与者们为了从客户那里获取尽可能高的费用，绞尽脑汁使用不同的计价方式，包括通话限制、设定数据上限、收取漫游费、捆绑手机交易、手机网络锁定、预付费（而不是后付费）、收取国际通话费用等。这造成了一种"混乱的垄断局面"，消费者很难在其中找到最划算的产品，也往往无法控制自己的移动账单支出。为了扩大市场份额，T-Mobile 采取了一系列前所未有的措施，减少行业标准定价的欺诈行为，改善与客户间的互动。

T-Mobile 提供一种一劳永逸式的、简单的包月服务，没有固定的合同，数据流量没有限制，国际漫游服务免费，手机升级也很方便。对忠诚的老客户给予实实在在的回报，而不只是象征性的奖励。客户服务通过一个便捷易用的自助式全通道接口提供，客户可以根据个人需要快速获得支持，还可以选择通过文字留言与客服人员进行沟通。需要的话，客户还能联系到 T-Mobile 的高级管理人员，因为后者的联系方式是公开的。尽管 T-Mobile 的"一刀切"收费模式并不便宜，但它能让客户"一次吃到饱"，而且简单易用。反过来，客户也纷纷用他们的钱包表达了对 T-Mobile 的拥护。美中不足的是，T-Mobile 做的只是升级了客户服务界面和收购业务，而这些举措很容易被复制。实际上，有些竞争对手已经开始复制它的做法，于是最终只会降低整个行业的利润。例如，从 2017 年 6 月起，整个欧盟就仿照这一做法，取消了漫游费。

遗憾的是，T-Mobile 改进情绪类客户体验的做法很容易被复制。换言之，这些做法短时间内是有效的，但是作为一种战略创新则意义不大。不过，有些针对情绪的创新举措还是很难复制的，并且有潜力提供可持续的竞争优势。下面介绍的这个《洛奇恐怖秀》就是一个很好的例子。

E+《洛奇恐怖秀》的生命力

《洛奇恐怖秀》是一部音乐喜剧恐怖电影，这部电影是对 20 世纪 30 年代到 70 年代的 B 级科幻和恐怖电影的戏仿。故事的主角是一对刚刚约定终身的年轻情侣布拉德和珍妮特。他们的汽车在大雨中抛锚了，两人找到附近的一座城堡希望借用电话寻求帮助。进入城堡后他们发现，里边的人们都精心打扮，正在庆祝一个奇怪的舞会。城堡的主人是一个叫弗兰克·N. 富特的疯狂科学家，他通过实验造出一个活生生的肌肉男，名叫洛奇，与电影《洛奇》的男主角同名。同时，弗兰克还是一个异装癖者，分别引诱了布拉德和珍妮特两人。最后，在城堡的仆人帮助下，这对情侣才成功逃脱了弗兰克的控制。

该影片最初于1975年8月14日在英国伦敦的里亚托剧院公映，后于9月26日在美国加利福尼亚州洛杉矶的韦斯特伍德剧院公映。在加州之外，这部电影并不成功。影评人对它大加抨击，观众寥寥无几，最终纽约的首映被取消，而且在此之前它已经从8个已上映的城市下线。但在次年的愚人节，《洛奇恐怖秀》复活的机会出现了。还是在纽约，电影发行商决定将第二次首映定在午夜场。在韦弗利剧院，随着老影迷们开始与这部电影展开互动，一批狂热的追随者随之产生。这种参与感具有传染性，并不断蔓延到纽约州的其他县。几乎与此同时，匹兹堡的影迷们纷纷穿上戏服，走进国王宫廷剧院，与影片中的人物一同表演。于是，一些剧院决定，向穿着戏服的观众免费开放。不久之后，几乎每一场《洛奇恐怖秀》的电影放映现场都会出现一群忠实影迷的身影。今天，《洛奇恐怖秀》是世界上持续放映时间最久的电影，尽管它的内容存有争议，制作价值也不高。

这部电影在首映40年后，每周仍会在世界各地上映，而且仍然限制为午夜电影上映。观众被电影中极度露骨的行为所引诱，自己也变成了演员和表演家，服装、道具、编舞应有尽有。剧院现场互动体验已经发展成为装置艺术和仪式化演出的结合，被一群忠实的拥护者反复、频繁地表演。这些"影子演员"精心装扮成电影中角色的模样，在银幕面前表现剧中人物，并对着台词假唱。在观众和角色之间存在着一种类似召唤和回应的仪式，还会有许多暗指特定意义的道具被展示或抛出。所有上述行为，在剧院播放其他电影时都是不合适的。

美国影迷俱乐部主席萨尔皮罗撰写了《洛奇恐怖秀》的详细历史，并记录了这部电影的反文化传统。他认为，观众亲身参与这部电影的传统是由每周都光临纽约韦弗利剧院的常客们发起的。他们为电影中受欢迎的角色叫好，对反派角色倒喝彩，在楼座间放肆地讲着笑话。渐渐地，就演变成一个观众剧本，由一群忠诚的"影子演员"充满仪式性地表演。每当布拉德出现在电影中，观众们就会大喊"混蛋"；同样，每当珍妮特出现，每个人就会大叫"荡妇"。当遇到对话的停顿之处，例如弗兰克在唱《甜蜜的异装癖者》时，在"希"和"望"两个音节之间有一段极度漫长的停顿，这时观众就会尖叫道："说出来！"当《时空穿越》这首歌曲响起时，整个剧院的观众都会在过道中翩翩起舞。演出期间，观众也会使用一些道具（考虑到清理困难，有些剧院是禁止携带道具的），主要包括有：

- 大米，用在婚礼的场景上抛撒。
- 水手枪，用于下雨时发射。
- 报纸，用来"躲雨"。
- 荧光棒，当歌曲响起时在手中挥舞。
- 吐司，当电影中的人物提出想吃吐司时，就抛向空中或屏幕。
- 厕纸，在洛奇被拆开包装的场景中使用。
- 派对帽，戴着会像个"特兰西瓦尼亚人"。
- 乳胶手套，在实验室场景中戴上。
- 扑克牌，在最后一首歌时抛撒出去。

随着现场参与活动的流行，穿上戏服、在电影放映会上表演变成了一种潮流。随着消息在影迷中蔓延，全美国上下都出现了"影子演员"，这将《洛奇恐怖秀》的体验从单纯的观看电影变成了舞会和现场表演的结合。千奇百怪的服装让表演现场变得更加多姿多彩。新来的人（被称为"处女"）能够很快适应这种氛围，并迅速学会剧中的台词，这为电影源源不断地回归创造了理由。所有这些都增加了电影的口碑，提升了观众体验。迄今，除了电影中真实存在的、反复被呈现的仪式之外，观众有时候还会为讽刺政治或时事进行幽默的即兴演出。也就是说，虽然电影的主题永恒不变，但没有任何两场演出是雷同的。

对于那些感觉自己与社会格格不入的人，《洛奇恐怖秀》为他们提供了一种认同感。他们将自己想象成电影中的角色，并开启了某种充满奇幻色彩的变形之旅。这部电影将反主流文化作为一种夸张、不敬的恶搞，给予公开支持。现场互动激发出观众的参与热情，最终营造出一种归属感，不仅将观众联系在了一起，也捍卫了这部电影作为一种独特的戏剧体验而经久不衰的名声和成功。结果是，粉丝们的表演甚至比屏幕中的好得多，吸引每一个人一次又一次地回归，以获取更多的体验。

一位来自密苏里州圣路易斯市的忠实粉丝这样讲述自己的经历："……我们有一间非常干净整洁的老电影院，叫作蒂沃利。那家影院为演员和观众互动提供了非常充分的准备，电影作为背景播放着，演员们在屏幕前大喊大叫，当着观众的面表演完整部电影。电影院里卖的有道具袋，或者你自己带也可以。当你排队的时候，扮演弗兰克·N. 福特博士的演员就会出来寻找'处女'，然后用樱桃红的口红给她们做上标记。这真是一部了不起的作品，虽然大多数时间，你甚至听不清电影里究竟放的是什么。但它是伟大的！！！"

《洛奇恐怖秀》的成功建立在互动的基础上，这也是客户体验设计中一个不断增长的趋势。互动的力量相当强大，能够构建一个持久且难以复制的社交网络。互动有很多种形式，有一家网站 Lowd（www. Lowd. com. au）就做过这样的实验，将广告牌的功能从发布广告变成互动式媒体。该网站将布里斯班作为大本营，在 Goa 广告牌公司的支持下，从公众那里收集评论，并将其展示在城市各处电子广告牌上的付费广告之中。广告牌往好了说是绝佳的大众媒体，往差了说就是城市视觉污染物，但这家网站的创新之举将广告牌变为基于用户生产内容的娱乐场所，因此取得出人意料的成效。每一个在 Lowd 上发帖的人都有可能在广告牌上看到自己的评论。更为重要的是，那些原本懒得关注广告牌的人，也有可能因为评论足够有趣，而被吸引了注意力。

还有牛津大学的 Blackwell 书店，也进行过一项效果显著且成本低廉的情绪体验类创新。这家书店会为目标顾客提供和某本书的"相亲服务"——顾客描述他们想要的书，书店工作人员推荐给他一本最合适的。这不仅解决了顾客要从大量图书中淘书的困难，还为购买增加了几分神秘和危险的色彩。

将风险控制在适当水平

不管是出于理性还是非理性的原因，大多数人都会选择尽可能地避免风险，或是将风险降至最低。在商业领域，控制风险通常表现为某些保险、担保、抵押、履行条款等。风险管理是否合理，取决于风险的代价和影响。对于大宗商品（如房屋），业主为其购买火灾、洪水、地震等保险是很合理的，因为一旦灾难发生，损失将无法弥补。为小件商品（如电视机的延保）投保就不甚合理，因为其成本远远高于故障维修或更换的成本。不过，为避免这些小风险额外付费可以产生某些情感回报，即内心的平静——你完全可以高枕无忧，即使出了问题，修理费已经支付过了。可是有些保险还约定承保人本人需承担的款额，这就把事情搞复杂了。最理想的风险管理是不花一分钱的。

许多小型企业为了保证自己的质量或服务过硬，会做出"保证满意，不满意可无条件退款"的承诺，将客户不满的风险转移到公司本身的业务上。这一做法对宣传推广可能是个不错的卖点，但是如果企业做不到快速处理产品故障，反而会引发一系列批评的声音。零售商接到最常见的退货投诉之一就是产品有缺陷，这时候零售商经常要求顾客等待退换货，直到生产商同意支付相关费用。这种情况带来的影响相当恶劣，客户会觉得零售商不过是个中间商，仅仅提供购买地点和货物存储而已。一流的零售商第一时间就能做出答复，立即解决问题，并就顾客反馈表示感谢。

购买行为越是复杂，问题处理就显得越重要，规避风险的重要性则相对弱化。Suncorp 汽车保险公司就是一个很好的例子，告诉我们从客户的角度考虑风险会带来怎样不同的收益。

R +在 Suncorp 保险公司，事故维修不用愁

对于许多汽车车主来说，当他们要进行汽车维修时，最关心的可能不是保险公司是否会兑现他们的汽车维修索赔，而是自己什么时候才能用车。如果遇到冰雹毁坏了同一地区的许多汽车，修理过程可能需要几个月，这个问题就变得更为严重。Suncorp 解决这一难题的做法是，改变与车辆维修人员的关系。公司为签约维修人员提供一个管理信息系统，用以管理工作流程，跟踪零件库存。因此，安装了该系统的维修人员也可以对 Suncorp 的实际维修成本和流程控制进行监督，这在以前是从未发生过的。在报酬支付方面，Suncorp 允诺在三天之内通过管理信息系统自动向维修人员支付费用，而不是根据行业标准，等45 天后再支付。因此，Suncorp 在维修成本上树立了标杆，大幅缩短维修评估和审批所需的时间。Suncorp 的客户则更加满意，因为这意味着可以在一周内取回修好的车。如果超出了承诺的时间，公司还会为客户提供免费租车。其实，这个周转时间并不比行业平均水平短多少，但对于客户而言，这一举措消除了他们不知道要等多久才能把车开回

来的担忧。在汽车维修这个差异化不明显的行业里，为客户提供一份安心就是 Suncorp 最了不起的地方。

多少有点令人吃惊的是，风险也呈现出"盐曲线"的特征，而低水平的风险可能是件好事。这里有三个例子：

神秘航班和酒店。很多在线旅行社提供包括神秘航班、酒店和度假的套餐。通过神秘套餐，在线旅行社从航空公司和酒店那里获得一定比例的收益，后者对此也是求之不得的。众所周知，一旦航班起飞，飞机的舱位就不能再出售；一旦白天结束，酒店夜间的房间也卖不出去。另外，神秘套餐的折扣优惠能够吸引潜在的新客户，还能允许他们先尝试后付钱。客户不知道自己将乘坐什么航班、入住哪家酒店，这种悬念就像赌博一样，让旅程变得更加刺激。

即时彩票。澳大利亚人每年在"刮刮乐"上花费超过 5 亿美元。这些即时彩票或者是商店作为礼品免费赠送的，或者是顾客买东西时顺手购买的。幸运的顾客可以拿着他们获奖的彩票领取现金奖励。彩票好玩的地方就在于不知道结果如何，它是人们好奇心和期待心理的结合。

相亲。Tinder 和 Grindr 这两个手机软件的兴起，为不管是异性恋还是同性恋相亲带来一种近乎麻醉剂的风险。似乎有这么一群人，他们不愿意承担当面约人出去可能遇到的风险，但对于将附近某个陌生人约出来这件事情的风险却甘之如饴，不管这场约会的结果是一段恋爱关系，还是一场浪漫艳遇。

风险再大一点，同样也能吸引到相应的客户。大多数股票市场的投资者都趋向于规避风险，但是，比起那些仅从事商品、公债、证券投资的人，另有一些人则偏好于风险更高的投资。短线投资人从股价的小幅波动中获利，期权交易者则对市场走势押注，在他们的合约里，你绝对找不到任何保证获利的条款。

R + 在 HYI，满足你的风险偏好

2001 至 2009 年，罗伯特·沃尔创立了 HYI（全称 High Yield Investment，即高收益投资）公司，成为澳大利亚第一家另类投资外汇投资基金。HYI 针对的客户是有风险偏好的成熟投资者，与传统基金经理专注于市场投资多样性以降低风险、保护投资者资本的做法不同，HYI 关注的是回报。对于短期潜在回报率高的投机性货币交易（外汇）市场，HYI 进行了深度分析。大多数基金经理会按照为客户管理的资本总额收取一定比例的费用，这样即使最终客户蒙受了损失，他们仍旧能获得不菲的报酬。但 HYI 的做法不大相同，他们采用绩效提成的方式。不管投资者赚多少，HYI 都会从中抽取 25% 的利润；如果投资者遭受了损失，公司同样愿意承担 25% 的损失。此外，创始人自己在该基金里持有的股份至少是最低投资额的四倍（通常每笔交易约为 5 万美元）。上述行为均向客户证明，HYI 确实致力于履行其投资承诺。HYI 的模式取得了成功，它的业务也从澳大利亚扩展到中国台湾和新加坡。

改善风险类客户体验实际上是移情原理的运用。风险类创新旨在从理解客户价值驱动因素和痛点开始，应对各种变化和不确定性。有时，提高风险意味着提高价值，但多数情况下，更受客户欢迎的还是为他们降低或规避风险。

R – 法律细则问题

企业最容易忽视的风险问题之一，是法律细则对客户的影响。当看到合同里的星号条款时，有些客户立刻觉得报价太高或是承诺太好，甚至觉得不太真实。即使这些条件并不苛刻，但对一些客户来说，企

业既然将它们记录在案，就意味着这里有可能涉及法律冲突，而他们要对此做好准备。没有人愿意跟一家已经准备好与自己对簿公堂的公司做交易。具有讽刺意义的是，这类事情最常发生在律师身上。虽然他们常常打出"不赢官司不收费"的旗号，但星号条款告诉你，即使案件败诉，你一样得付钱。

有时，建议客户多花点时间考虑某些条款和条件是很有必要的。大多数情况下，这是出于法律原因。而从客户体验的角度来看，全面披露信息也是为了确保客户不会在最后关头失望。近期，Kennards 自存仓在它的广播广告中很好地处理了这一问题。Kennards 发布的广告这样说道："只需少量租金，杂物存进仓库。"根据该广告，从 10 月开始，顾客租用自存仓的首月花费仅为起步价 1 美元。但他们接着马上解释，"不好意思，还有几个不太复杂的条件！"

金钱让世界运转

价格往往是企业高管争取市场优势时考虑的首要策略。遗憾的是，人们通常认为价格战略仅仅是基于产品特征的定价，有时甚至粗暴地沦为折扣战。当一家公司试图通过打折来赢得客户时，它的竞争对手也会用同样的办法予以回击。结果，打折的商家变得更加激进，进而导致价格进一步下降，直到市场各个参与主体均将价格降到最低水平。在供应严重过剩的市场，降价导致定价的不可持续，往往并不可取。

M-航空价格战

1989 年，澳大利亚解除了对航空业的管制，打破了之前澳洲航空公司（简称"澳航"）和安塞特航空公司（简称"安塞特"）之间舒适的双头垄断局面。在此之前，根据澳大利亚联邦政府的政策，除了国有澳大利亚航空公司（前TAA），只允许澳航和安塞特这两家私营航空公司飞行。因为有这一政策的保障，二者之间不存在价格竞争。

在市场开放竞争之前，从悉尼到墨尔本最便宜的单程机票价格平均为239美元。1990至1993年，Compass和Impulse等廉价航空公司进入市场，对一些客流量较大的航线提供折扣机票。从悉尼到墨尔本的单程经济舱票价下降到平均不到175美元。Compass在第一轮竞争中没有坚持太久，尽管之后采用新管理模式和新机型后重整旗鼓，但到1993年再次败北。1994年，澳大利亚航空公司也在与澳航的强势竞争中败下阵来，这时，机票价格回到解除管制前的水平。在此过程中，安塞特勉强存活下来，直到2000年维珍蓝航空公司进入市场掀起新一轮的折扣大战，安塞特彻底站不起来了。

自那以后，市场竞争迫使机票实际价格（经通胀调整后）降至解除管制前的一半左右。为了这场实际只有两匹马参与的比赛（因为捷星航空是澳航旗下的公司），维珍蓝航空的股东发生了重大变化，为获取利润苦苦挣扎。直到最近，维珍蓝航空最终加入商务舱的行列，澳航的市场份额才上升到65%。上述行为都是为了在高端市场创造平等。目前没有一家澳大利亚本土航空公司想出如何在国内航空旅行中脱颖而出。这三家公司除了通过打折来实现增长，基本上没有别的策略。其结果就是，对于该行业所有参与者而言，最好的情况是它们的加权平均成本均实现了平均回报，最坏的情况则是股东价值受到侵害。

折扣问题的根源有两个：一是缺乏创新；二是成本加成定价。成本加成定价指的是将利润率设定在某一水平，确保企业以高于其服务成本的价格销售商品。这听起来似乎是合理的，但其实有两个隐藏的阴影：一是成本加成定价几乎始终在限制企业收取尽可能多的费用；二是它让企业忽略了客户真正看重的是什么，以及他们为得到这些东西愿意付出多少的问题。管理层很少为这些疏忽而承担责任（在安全、财务、质量审计等环节出现的错误则更容易被发现）。解决成本加成定价弊端的策略是价值减值定价法，它能推动创新，进而增加客户价值。

价值减值定价策略需了解客户想要购买某个产品或服务的目的，然后演算出他们的需求和偏好如何转化为金钱。航空业普遍使用价值减值法为机票定价，但如何将机票价格定在客户可承受的上限，是一项相当复杂的工作，因此大多数航空公司还使用了收益管理自动化软件（如 Sabre 公司开发的航空系统 Airmax）。

M - 通过收益管理挖掘客户

航空公司进行价值减值定价，首先要考虑两类乘客对机票价格敏感性的不同：一类是商务旅客；另一类是休闲旅客。一般来说，商务旅客对机票打折兴趣不大，但休闲旅客就不一样了。如果航空公司能先以全价出售给所有的商务旅客，然后再将剩余的座位卖给休闲旅客，逐步打折，直到机票售罄，这时它就实现了本次航班的价值最大化。这种折扣方法需要复杂的收益管理系统，因为一个座位的价值是结合多个不同的因素而定。最明显的就是，这家航空公司要在起飞前多久才能卖完所有剩余的机票。

在航班关闭的那一刻，任何未售出的座位立刻变得一文不值，这种特性就叫作"易腐性"。传统上它用来形容食品，但其实易腐性也适用于电池、燃料、橡胶轮胎等产品，以及交通费、活动门票、酒店夜宿、专家预约等大多数服务。理论上讲，随着距离飞机起飞的时间越来越近，飞机上的每个空座位都会变得越来越不值钱，因为将它们售出的可能越来越小。然而，事实并不全是如此，一个航班上每个座位的价值也取决于其他座位的销售情况。

并不是所有座位都被卖掉才能实现航班的收支平衡。航空公司通常会对客源不足的航班打折,以吸引更多的乘客。一旦已经有了足够多的乘客,它们就把座位价格提高到原来的水平甚至更高。另一种定价效应从航班开始售票一直到飞机起飞的前一秒也在发挥作用,即心理效应。

航空公司知道,旅客为求心安,或在面临紧急情况时,会心甘情愿多花一些钱。

在航班销售初期,机票价格是全价,以满足提前订票的旅客对确定性的心理需求。随着销售的推进,这些座位的价值会逐渐缩水,直到航空公司售出足够多的座位,实现了收支平衡。再后来,在航班起飞前的最后几天甚至最后几个小时才预订的旅客可能处于紧急状况,他们的选择有限,因此航空公司可以收取高价费用。在最后一刻,选择权转移到顾客手中,这也是为什么航空公司会预售候补机票的原因,是为了避免出现空座位,同时避免在最后时刻被迫大幅降价。

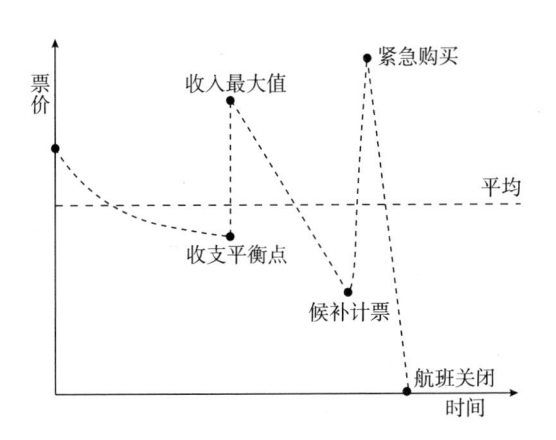

此外,还有其他以价值为基础的定价方式。例如,威士忌和葡萄酒生产商往往能为陈年酒收取更高的价格,顾客愿意支付更多费用的原因有很多,可能是减少了他们储藏的麻烦,可能是免去了他们耐心等待心爱酒酿成熟的焦急,也可能是购买高价酒水象征更高的社会地位。

M+供不应求的日本威士忌

自2014年以来,全球对各种品牌的日本威士忌(尤其是山崎威士忌)需求大幅上升。供应商不得不取消标签上的陈年标注,因为根本没有足够的陈年威士忌储备满足市场以及继续生产的需求。这种迫不得已的稀缺性推高了价格,反过来又增加了日本威士忌较于苏格兰威士忌和美国威士忌(波旁威士忌)的良好口碑。于是,日本威士忌被归入"维布伦商品"的行列。1899年,美国经济学家索尔斯坦·维布伦发现,有些顾客为了追求社会地位大肆消费高价商品,后被称为"维布伦商品"。某种程度上,这是"物有所值"概念的延伸:对某些商品来说,在没有其他信息的情况下,质量可以通过价格来体现;对另外一些商品而言,免费提供反而会降低它们的感知价值或质量。

质量搜索型成本使定价变得愈加复杂。对于某些产品,其质量可以在购买前确定,一般是按价格购买的货物,许多公用资源如能源和水等都是搜索性商品。常见的还有停车、保险、无线网络和邮政等服务,也属搜索型商品。至于其他商品,质量评估就没有那么简单了。获取财务规划建议、汽车性能效率检测、选择最适合居住的郊区,或者新工作能否使你感到快乐,这些都是体验型商品。对于这类商品,顾客必须试用至少一次,才能确定对其质量是否满意。有些体验型商品(如信任品)每次都要反复尝试后购买,以确保它的质量足够高。假如没有试用的机会,那么购买体验型商品一般都是通过声誉传播或他人推荐。

很明显,客户体验和体验性商品相关,因为接触点会影响客户对质量的感知。实际上,客户体验和搜索型商品同样相关,尤其是在不同供应商之间价格高度统一的情况下,胜出的供应商通常就是客户体验最好的那一家，包括客户服务、信息渠道、购买环境、物流选择、退货政策和售后支持等。

运用价值减值定价法也需要谨慎，因为金钱因素和TERMS其他因素一样，表现为一条"盐曲线"。例如，客户也许能够接受航班最后一刻的高价机票，或者其他高价产品，但如果他们发现自己被欺骗了，转眼就会将这家公司拉入黑名单。

M-瓶装水"举报门"

2007年，百事公司被迫将其旗下瓶装水Aquafina（纯水乐）的标签从"P. W. S"改成"公共水源"（public water source），起因是消费者权益倡导机构"企业责任国际组织"的举报。百事对此进行了回击，声称Aquafina瓶装水的卖点在于它的7层过滤，消费者并未被误导。但是丑闻仍在传播，随后企业责任国际组织在美国电视节目的报道中称52%的Aquafina瓶装水都是自来水。百事的品牌严重受损，但并未影响它继续以这种做法从事生产。

2017年，《悉尼先驱晨报》引用Nature's Best（译者注：澳大利亚一家宠物食品生产商）所有者沃伦·普费弗的话说："水基本上是免费的，所以在我看来，瓶装水只是在卖塑料瓶……我们的过滤器成本不高，被过滤可能只是某些人诉求的一部分。"Nature's Best总部设在悉尼，每年的产品销售量超过2500万件。在澳大利亚各地的商店，顾客买一瓶600毫升的水需要花2美元，而瓶装水的利润是其原料成本的15倍还多！

当价格出错时

许多公司在与客户沟通价格的环节，因为方式不当或者沟通失败，破坏了原本良好的客户体验。究其原因，还是公司表现出了对客户的轻慢。当一家公司企图利用客户的无知、经验的缺乏、消费的冲动，以及不善做决定的缺点时，实际上是对这些掌握企业命脉的人群的不敬。客户应该受到尊敬，无论是出于道德原因，还是从公司长远的经营考虑。

涉及价格有一个很简单但也很重要的现象，即有些公司不提供商品的价格，而是等着客户来询问。在客户购买行为的早期，一次性、高参与度和首次购买都包含情感风险。客户需要清楚地知道他们能否支付得起，可是很多公司却希望通过迫使客户主动询价来提高他们对商品品位或质量的感知。这样做的目的是过滤掉对价格敏感的客户，同时创造机会将产品卖给真正询价的人。

有些客户心里清楚，问完价格后他们就会发现自己买不起，但上述做法也可能阻止了那些有消费能力的客户。询价会让客户感到尴尬，或者迫使客户还不想和销售人员交流时就必须主动开口。尴尬和被迫都是客户体验的痛点，均对购买不利。珠宝、时装、美食、葡萄酒、艺术品、假期旅行、汽车、房地产以及任何其他与身份相关的商品，只要价格信息一目了然，似乎就更容易买到一样。美容手术、室内设计、服装定制、园林绿化、房屋翻新等昂贵的消费服务也属于这一类。B2B协议同样受到这种心理的影响：如果在客户做预算阶段就能及时帮助他们，在不是出于义务为客户提供免费、简单的预算评估，会收到很好的效果。这里的关键在于不是出于义务。

客户体验常犯的一个错误就是试图强迫客户购买，而不是从战略上思考如何收获心甘情愿的客户和拥护者。例如：

• 某些免费试用的商品却要求提供客户的信用卡信息，然后除非客户选择终止，否则公司会自动从他们的卡中扣除费用。

• 本来免费的增值产品或服务，却反复唠叨劝说客户升级到付费版本，直到客户掏钱包后方能作罢。

- 某些金融产品最开始时没有利息，但在此之后就变成高息贷款。
- 带罚款性质的订购或金融产品，商家借此防止客户终止订购或更换服务商。

遗憾的是，人们常常认为改变定价方式是为了改变客户固有的价值观念，让他们为同一件产品或服务支付更高的价格。一个常见的例子就是基于订阅的定价。

从历史上看，消费者购买食品、葡萄酒、音乐、娱乐或其他消费品都是单件零买、现收现付。另外，消费者租房子、订报纸、开通家庭电信服务，是建立在订购基础上的。移动通信分为免费的、按使用付费的、按天付费的、按流量付费的，或者包含在订购套餐里。在家庭范围之外，酒店、书籍等则是按照需求购买的。食物就是一个例子，体现出订购模式是如何推动杂货店生意和家庭烹饪的客户体验。

Lite n' Easy 是一家帮助人们塑身减肥的餐饮公司，提供一系列订餐服务。它采用送货上门的方式，节省了顾客在杂货店里购物的时间，控制其卡路里摄入，还解决了减肥者不知如何选择食物的难题。HelloFresh 也提供订餐服务，不同之处是它还帮助人们学习烹饪各种各样的美食。此外，还有一些供应商也在持续推动其他细分市场的增长，例如 YouFoodz.com 主打送到顾客手里的美食是新鲜而不是速冻的，FivePointFour 则宣传根据顾客的营养目标（如减肥、锻炼、增肌或素食）提供不同的菜单。这些外卖公司成功的关键在于，订餐服务比简单重复的购买更具价值。但是在其他非传统领域，从零卖模式到订购模式的创新就困难得多。

例如，有些酒店尝试开展订购式分时度假的模式，却因其高压的销售方式而广遭批评。有些葡萄酒俱乐部每个月提供额外几种葡萄酒，但这一服务只适用于一小部分客户——他们定期饮酒、可支配收入高、每个月都想尝试新酒、愿意将他们选酒的权利交给专家、没有时间或没有兴趣在网上或在实体店里购买葡萄酒。除了这批特定的消费者群体，葡萄酒俱乐部更关心的是如何保证供应商的收入，以及如何减少为不太知名的葡萄酒品牌花费的营销支出。

订购定价模式是否成功，取决于公司的商业模式，即客户从自发重复购买转为注册订购是否能获取额外价值。如果订购的价值更倾斜于公司，那么如果没有高压的销售手段，客户不大可能接受这种模式。也就是说，在这种情况下，订购对客户体验并无益处。

M – Audible.com 暗箱操作的订阅

很多人都遇到过类似的情况，不知什么时候起就订购了某件商品或某项服务，例如顾客在免费试用一段时间后忘记取消，商家就默认他将付费续购。为避开这个陷阱，最安全的做法就是在免费试用时永远不要提供你的信用卡信息。不幸的是，虽然我没有泄露自己的银行卡信息（至少我记得是这样），我还是在 Audible.com（译者注：亚马逊旗下的有声书网站）上摔了个跟头。

我对有声书一直不甚感兴趣，虽然我相信在人们不方便看书（如开车）时，听书是一种很有用的方式。一直以来，有声书的市场比起其他图书种类要小很多，因此 Audible.com 一度大力宣传一种免费试用的订阅模式。这一做法的实质更多是劝诱消费者花更多的钱，而不是提高客户体验。消费者必须提供详细的信用卡信息方能免费下载有声书，好在它承诺可以随时取消。我接受了他们的条件，因为当时我想看的一本书只有有声书。

我不想订阅，只是想看这本书。当时我推断，Audible.com 独家垄断了这本书，就是为了向我这样的人推广试用。后来，当我最终注册了账号下载这本书时，发现网站竟然没有要求我输入信用卡号，真是个惊喜！可我不知道的是，其实 Audible.com 早已有了我的卡号。九个月后，当我查看信用卡账单时，我才发现这一点。

像大多数人一样，我支付信用卡账单时不会仔细检查每一笔消费。频繁使用信用卡的人都知道，每一期账单都有数百项支付记录。但直到有一次，我为了报销找另外一笔费用时，无意中发现 Audible.com 竟然已经扣了我好几个月的费用。原来，因为 Audible.com 是亚马逊旗下的，所以它只要连到我的 Kindle 账户，就能轻松获取我的信用卡信息。它还给我发了一封电子邮件，告知我每个月都可以免费下载有声书了，可这些邮件看起来就像是垃圾邮件，所以我根本没有在意。当我发现时，我已经亏损了将近 300 美元。搞清了整件事情的来龙去脉后，我发现 Audible.com 的商业模式更多的是强制购买，而不是让消费者的购买变得更轻松。我打电话给美国的客服人员，想知道他们如何弄到我的信用卡，以及我怎样申请退款。

客服人员俨然已经对这种情况司空见惯，他们也看到，在第一次免费试用之后，我没有下载过任何书籍。他们的第一反应是，让我买更多的有声书，把我的"额度"用完。我拒绝了，要求全额退款。对此，他们坚持说是因为我没有仔细阅读使用细则造成的。而我认为是他们非法使用了我提供给另一家公司，也就是 Kindle.com 的信用卡信息。反复协商后，客服人员答应退还最后三个月的订阅费，并声称这已经是他们的最高权限。我仍旧很不满意，威胁说如果不能得到一个可接受的解决方案，我要去澳大利亚的小额钱债法庭采取法律手段。听到这里，客服人员让他们的一位主管人员与我通话。一个小时后，我接到一个电话，全额退款。

Audible.com 由于没有采取以客户为中心的方式，损害了自身品牌。我为了要回退款不得不据理力争，公司还要为客服和主管人员发薪水，所有这些都有损其商誉。如果它在我的订阅服务即将从免费转为付费的时候打电话给我，确认我是否希望继续此项服务，情况会好很多。这不仅让他们少浪费些钱，也能积攒善意和好口碑，即使他们可能最终也没能让我变成一位付费客户。

关于欠佳的金钱类客户体验，最后一个例子就是我们所说的"含糊其词"。有一些话本意是为了给顾客以希望，最后证明是一派谎言。最常见的含糊其词的话就是表面看似无害的"从……起"。

很多商家在搞促销或特价时，都会拿折扣价为幌子大打广告。如果促销价格里出现"起"字，几乎可以肯定的是，一些消费者其实是享受不到这个特殊折扣价的。类似的字眼还有"数量有限""欲购从速""售完即止"等。最糟糕的是，商家突然转变一种巧取豪夺式的销售手段，迫使顾客选择更昂贵的商品。这一做法在汽车租赁行业可谓由来已久，例如当唯一一辆享受特价的汽车租出去之后，其他闻讯而来的顾客不得不为同一车型支付全价，或者选择更贵的车型。这瞬间就将客户置于向上销售（译者注：即试图说服客户购买额外或更昂贵的商品）的状态之下。如果一开始吸引客户的主要原因是价格，那么让他们失望又有什么意义呢？结果往好了说，客户或许只是觉得浪费了时间，闷闷不乐地离开；往坏了说，这种做法会使一个原本意愿强烈的客户和潜在拥护者变成一位花了钱却倍感失望、心怀不满的购买者。

解决这一问题有两种方案，或者在广告文案中去掉"起"，或者增加"至"之类的字眼，告知客户最高价格。如果确实库存有限，确保特价商品售罄之后促销活动立即停止。这是基于一种非常简单的心理——不要在客户的脑海中创造一种企业无法实现的期望。不要从一开始就将你与客户的交互设置为失败模式，因为这只会损害你的信誉，从长远来看也将降低你促销推广的有效性。

M－地毯的适当价格

有些企业长期面临供应过剩，典型例子就是进口地毯行业。多年来，地毯供应商始终在折扣和特价促销方面大做文章，人们已经很难相信他们声称的价格了。我在写作的过程中，去网上快速搜索地毯时，出现了下面这些标题：

● 百万地毯（Rugs a Million）：应有尽有，价格最优。（见网站rugsamillion.com.au）

● 澳洲地毯（AURugs）：零售2.5折，折上再5折。（见官网aurugs.com）

● 低价地毯之家（Shop for Cheap Rugs）：网购地毯，低至3折。

试想，如果某位顾客花了全价购买一张新地毯，他该有多么失望，觉得自己有多傻？！

当价格没错时

实现金钱类客户体验的渐进式创新，最简单的办法就是改变定价模式，做到这一点有很多种方法（见下文）。定价模式创新，关键在于打造优势。定价模式的改变应该为客户增加价值，进而为供应商创造额外利润，形成差异点，实现收入增长。理想情况下，改变后的定价模式应该很难被复制，这样优势才能持久。最基本的方法之一，就是从可变定价模式变为固定定价模式。

M + 定价模式之6F

1. 固定价格（Fixed pricing）：对于"发生即产生费用"或基于费率的服务，采用固定价格能够消除其中的内在风险，为客户增加价值。对诸如汽车服务花销、纳税申报单准备、抵押贷款利息、银行费用、公共产品支出等各种不情愿的购买行为，这种方法十分奏效。例如，西澳大利亚州自来水公司根据每家每户前一年的平均用水量计算出其月度账单，采用固定价格将客户的水费平摊在一年12个月当中，这样就减轻了客户在每年的干旱期过后突然面临大额用水账单的痛苦。

2. 绩效费用（Fee for performance）：这是将固定价格提高至一个新的水平，即通过创造一个双赢的收费体系为客户创造价值。这时，供应商基本上按照佣金收费，从他们为客户创造的（额外）价值中抽取一部分作为报酬。B2C市场中有很多绩效收费的案例——有的健身房按照会员减重的千克数收费，有的家教老师根据学生在学校成绩的进步收费，有的财务顾问按照他为客户赚到的财富收费。B2B市场上也有类似的例子，例如房东根据商户营业额的比例而不是商铺的平方米数收取租金，以及媒介根据所吸引的额外收入收取广告费（线上比线下更容易衡量）。"不赢不要钱"的法律代表也属于这一类。当业绩完全取决于客户本身的行为时，绩效费用就会发生很有意思的反转，例如银行会向定期往账户里存钱的客户提供红利利息。

3. 节省份额收费（Fair share of savings）：这是绩效定价的对应模式，供应商获得报酬是因为相比于过去或预期减少了客户的成本，而不是为客户创造额外收入。这种定价方式应用于许多B2B服务领域，包括维修、建造以及各种服务合同。不过，节省份额的定价方式很少直接向个体消费者提供。

4. 免费试用与赠品（Free trials and offers）：这种方法用于客户首次接受你的服务。说到"免费"，会产生两种心理效应。第一种是当人们听到"免费"这个词时，他们会暂停某些关键性的决策。这种偏见的影响如此强大，免费获得的赠品甚至掩盖了你为了获得它所花费的真实成本。第二种是免费会让消费者陷入"我没有什么可失去的"心态之中。因此，在理想情况下，客户在免费试用时，可以充分体验所提供的产品或服务的好处，并重新评估自身的需求、偏好和期望。

5. 免费增值（Freemium）：与免费试用有些不同的是，免费增值的商业模式旨在吸引新客户对不断变化升级的产品或服务保持忠诚。这一模式在软件公司里最常用，也被许多服务型公司成功试用，一般采用做免费安全检查或免费初始咨询的形式。所提供的免费产品或服务通常较为简略，可能还嵌入广告或促销信息。使用这一模式的公司的想法是，未来某个时候，客户将会想要一个功能更多、没有广告的完整版本，那时就会出现新商机。但免费增值模式面临的困难在于，只有不到2.5%的用户会选择升级，因此要求其商业模式要像"免费"版本一样具备经济可行性。

6. 融资和订购（Financing and Subscription）：客户可以通过在一段时间内慢慢支付的方式购买你的产品或服务。融资有三种途径：分期付款、经营租赁和订购。分期付款是一种原始的融资形式，客户在此期间定期偿还资本成本。分期付款通常要在购买成本的基础上支付利息，且利息与所欠金额、偿还时间成正比。对客户来说，分期付款的优势是，他们不必预先支付所有的购买成本，却从第一天起就已经拥有了这笔资产。经营租赁的工作原理与分期付款大体相似，区别在于客户是租赁资产，而不是购买。对于车辆这样的商品，经营租赁涵盖维修，这样客户就可以放心大胆地支付使用费用，不必担心服务问题。经营租赁一般比分期付款更便宜，因为直到最后客户也没有该资产的所有权。订购是客户针对自己定期或经常使用的产品与服务，所采用的基于时间的付费形式。订购服务的价值在于，可以为客户省去每次都得重新购买的麻烦。

学会审时度势

客户体验的最后两个维度分别是情境和感受，所有不符合前面所述分类的痛点均可纳入这二者的范畴，同时也是实现渐进式创新的潜在动力。与感受相关的痛点稍后介绍，现在我们首先关注情境类客户体验。情境类客户体验与位置因素相关，如地点是否邻近，也与当前情况如何相关。举个例子，当准妈妈正在经历难产的阵痛时，她和她的丈夫却正在他们信任的医院附近苦苦寻找停车位。停车位的缺乏是一个位置方面的痛点，但由于这位准妈妈马上就要生产，这一问题变得更为复杂和严重。还有应对即将分娩的压力属于当前情况下的痛点。

显而易见，分娩是一个痛点（从字面上看就是如此），但是想想一对夫妇在第一次分娩和第二次分娩时分别承受的压力，二者还是有区别的。初次分娩时，一切都是新的，对于应该注意什么，以及怎样解决五花八门的问题，这对夫妇并没有很多参考。但在第二次分娩时，因为有了经验，某些恐惧得以纾解，但另一些担忧则被放大。现在，再考虑一下同样的停车问题发生在一位前来看门诊的患者身上，或者行动不便的老年人身上，又会是怎样的情境？在上述所有情况下，人们都想找到一个邻近的停车点，找不到自然会影响情绪和产生焦虑。

关于地点的布局和位置的选择，很重要的一点是它们所显示的地位差异。观众坐在团体包厢而不是便宜座位上观看比赛的感觉是不同的；收费公路上那条更快、不那么拥堵的道路或许是专向某些驾车者开放的商务路线；航空公司和酒店会为地位足够高的忠实顾客提供优先值机和办理入住。即使是在郊区，人们的生活和购物也有三六九等。能够创造好的体验环境，赋予客户地位感的企业经常能够兴旺发达；反之，削弱客户地位感的企业则会面临商誉被侵蚀的厄运。

S－澳航激怒了"飞行袋熊"

人们都能理解航班因某些不可抗力导致的延误，但如果延误是由航空公司故意造成的，那么，如何处理这种情况在很大程度上反映出航空公司对待客户的态度。最近我们在澳洲航空公司（译者注：澳航一向有"飞行袋鼠"的称号，因为澳航的经典标志是红色三角形里一只跳跃的袋鼠）的一次糟糕经历，可以称得上是反面教材。该公司的情景反应和后续沟通都是在处理情境类客户体验事件时应予避免的。

那一次，我们从香港机场登上一架飞往澳大利亚的航班，并于预计起飞前45分钟入座。在我们等待起飞的时间里，舱门已经关闭，安全带指示灯已经亮起。我们很开心地发现，飞机只有一半的座位上有乘客，这意味着经济舱的不少乘客可以一人独占两个座位，在航行途中更加舒服地休息了。没想到这时机长通知乘客，澳航地面控制部门叫停了此次航班的起飞，因为另一架飞往墨尔本的澳航飞机出现故障，该航班的乘客将从那架飞机上下来，再来我们飞机，两边都要过海关，同时他们的行李也要转运过来。这一始料未及的变化耽搁了我们一小时，更令人沮丧的是，我们还必须坐在座位上等待。哪怕在我们登机前得知这一变化也稍微好点，至少我们还能在相对舒适的休息室、酒吧或餐馆里等候。

因为转移乘客和行李极其麻烦，我们又等了两个半小时，飞机才最终起飞。这时候，机舱里挤满了人，新来的乘客中有6个婴儿或刚会走路的孩子，一路上哭了好几个小时，让本来就充满坎坷的行程变得更加糟糕。

回到家的第二天，我在网上向澳航反馈，告诉对方从客户体验的角度来看前一天的经历有多么糟糕——当时，澳航有两个选择，或者将飞往墨尔本航班上的乘客转移到我们的航班，或者请他们住下来，乘坐下一趟航班。第一种选择剥夺了两家飞机乘客的良好体验，浪费大家两个半小时的时间；第二种选择只会花掉澳航一些解决乘客住宿的费用（最多过一夜）。然而，澳航在香港的员工认为，将成本降至最低比乘客的良好体验更重要。不过在回复我的反馈时，澳航工作人员刻意回避成本问题，而是声称飞机延误是他们也控制不了的。接着，我又在LinkedIn上联系了澳航客户总监，希望能将这件事情分享给他。

这位高管加了我好友，但从未回复我关于此事的信息。然而，我在Facebook上对这段经历的分享却得到了很多反馈，因为我绝不是唯一一只失望的"飞行袋熊"（译者注：与代表澳航的"飞行袋鼠"形成对照，袋熊相比袋鼠更具野性、更有脾气）。航空公司服务质量的提高仍然任重道远。

除了上文所说的地理位置和停车位，许多零售企业在选址时会倾向于客流量大的地方。附近有医生时，药商的生意就会更好。无论是购物中心享用休闲午餐的美食区，还是城市里知名的高端餐饮聚集区，餐馆通常是聚在一起做得更好。高客流量是由一系列因素造成的，其中一个关键因素是网络效应。人们在考虑外出就餐时，他们常常并不确定自己想吃什么。如果一个地方聚集了很多不同类型的餐馆，那么客户只去这一个地方就可以有多种选择。尽管对食物的选择也呈现为一条"盐曲线"（见前文），但对于经常用餐的人来说，探索新鲜餐馆也是他们做选择的驱动因素之一。

S+聪明的修车行要扎堆

如果你的车很不幸被撞坏了却没有投保，你肯定会去找一位汽车修理工（也叫钣金工）询问修理费用。几乎所有的修理工都会在第一时间问修车费是否走保险，因为自费修车的客户往往比向保险公司索赔的客户对价格更敏感。一个有意思的现象是，很多修车行都是三家在一起。原因是，如果车主想获得三个报价，他只需停一站就能全部获得。不过，我曾遇到一位野心勃勃的修理工，他把店址选在一个旁边没有其他修车行的地方。

那次，我不小心撞凹了车门，想找人修一下。我去的第一家修车行是在我回家的路上，对方给我提出1500美元的报价。我预计应该还会有更低的报价，于是对修理工说我要去别的修车行再问问。他问我准备再问几家，我回答两家。他又问为什么是两家，我说我希望价格更低些。于是，他拿出另外两本顶部印有其他公司名称的报价书，再次问我觉得这些报价如何。我笑了，最后以略低于900美元的价格把这笔生意给了他。

网络效应同样适用于虚拟世界。你在互联网中的商业位置取决于你的宣传、邻近和联系。搜索结果中的相邻业务、你的网站所链接的其他组织、出现在你网站上的广告、广告出现的位置，以及顾客反馈与评论出现的位置，都会影响客户对你的公司的看法和交互。想象一下，如果你的公司网站与在线赌博或成人娱乐网站联系在一起，客户对你的公司业务的看法会发生怎样的变化——即使表面上有积极的联系，但内心可能还是会有负面感知。再假设如果一家食品公司与另一家有机乳制品公司联系在一起，在乳糖不耐受的消费者眼中又会是怎样的情景？

S+布里斯班最差的素食餐厅

很多餐馆都大肆宣扬自己做的牛排无比美味，可在布里斯班的餐饮界，素食主义正从少数特例变成休闲餐饮的主流和时尚。作为对这一潮流的回应，诺曼酒店在遍布全城的广告牌上骄傲地宣称自己是"布里斯班最差的素食餐厅"，因此声名鹊起，生意兴隆。实际上，诺曼酒店此举非常成功，它为非素食者展现出一种反主流的姿态。

好的客户体验就是创造一种感觉

感觉类痛点和我们的感官相关。众所周知，我们使用五种感官，视觉、听觉、触觉、味觉和嗅觉。意识超越这五种基本感官之外，意识的扩展对提高客户体验而言相当于开启了更大范围内的可能性。基本感官与多种刺激有关，如触觉包括温度、质地、弹性或坚固性、表面的湿润度和光滑性，可能还包括物体的重量、惯性和动量。味觉包括甜、咸、辛、酸、苦，所有这些都是集合了2万多种味道而形成的不同感觉。听觉包括音乐或噪声的音量、旋律、和声和节奏，也可以是一种更高层次（认知）的感觉，因为它还包括识别基于音节或词汇的声调。在道德或伦理层面，对与错的内在意识是一种更高层次的认知，但它仍然以刺激为基础。相比之下，对称感是一种基于视觉或触觉的附加感觉。作为一种以视觉为基础的感觉，对称可能只是一种更复杂的内在审美的一部分。

感觉类客户体验始于视觉

视觉维度的客户体验痛点的例子在公共基础设施中比比皆是。很多公共交通工具和政府大楼外面布满了浮夸而丑陋的标语。这些缺乏美感的标语更多是在强迫人们服从，而不是营造一种友好的集体氛围。通常情况下，这些标语都是为了禁止人们的某些违规行为，而不是鼓励良好行为。每一种可能有用的行为标识，例如在紧急情况下启动警报，常常都伴随着对滥用警告行为的惩罚。而在商业遍布的市区，取而代之的又是以各种广告形式出现的视觉污染。

S-涂鸦与广告

2008年，马特·梅森写了一本书，讲述文件共享、黑客攻击、涂鸦等属于年轻人的亚文化。这本书很有意思，它试图为一些非法行为提供合理性，其中之一就是将涂鸦视为对公共空间普遍存在的视觉污染的抗议。梅森认为，公共广告和涂鸦之间唯一的区别就是为之负责的人拥有的财富不同。公共空间的广告就像涂鸦一样，是一种侵入性的视觉污染，会对城市环境造成破坏。很少有涂鸦是出于业主的委托，也很难得到业主的欢迎（著名涂鸦艺术家班克斯除外），公共空间的广告也很少得到附近公众的认可。在梅森看来，涂鸦是对资本主义制度的一种抗议，这一制度没有赋予社会经济地位较低的年轻人以权力、地位、愉悦和满足。由于没有其他办法来反抗自己处于财富金字塔底部的现状，以及被广告毁掉的公共领域的宁静，年轻人以同样的方式做出了回应。

我遇到过一幅很有说服力、很有创意的涂鸦作品——有一天我回到车里，发现我被开了一张停车罚单。可我明明很守规矩地停在一个公共停车场，买了票，回来时还有很多剩余时间。当我拿起罚单开始读的时候，我意识到自己被骗了。原来是一家新成立的创意公司约瑟夫·马克斯入侵了停车罚单系统，然后为他们的公司设计了一张看起来和停车罚单一模一样的广告传单。他们还不怕麻烦地用一个小金属回形针，把它固定在我的挡风玻璃刮水器上，如果不仔细检查，你会以为它真的是一张停车罚单。这家公司的价值主张是，他们能够做出更讨巧的广告，我手里拿的就是证据。我很欣赏他们的创意，但对他们用停车罚单让客户感到焦虑进而开启对话方式的效果着实表示怀疑。

选择何种颜色作为视觉标识同样重要，有很多视觉理论将颜色与情感联系起来。不过，环境会使这一问题变复杂，因为每种颜色都有可能对环境产生或积极或消极的影响。下表列举了一些常见颜色在沟通中代表的正面与负面两方面的情绪特征，尽管探讨以颜色为基础的品牌心理学已经超出了本书范围。

颜色	正面情绪	负面情绪
红色	专注、热情	危险、惊恐
蓝色	清晰、冷静	单调、忧伤
黑色	确定、严肃	死亡、害怕
灰色	经典、稳固	老旧、乏味
白色	纯洁、真实	临床、严酷
金色/黄色	财富、健康	腐朽、胆怯
紫色	高贵、威严	过度
绿色	环保、生活	毒药、嫉妒

有些商业场所在考虑颜色的运用之前，就已经通过灯光来起作用了。例如，为了营造气氛，夜总会常常灯光昏暗，原因是昏暗的光线能促使顾客的瞳孔放大，让更多的光线进入，易在空气中产生爱的幻觉。因为当我们看到自己所爱的人时，我们的瞳孔会因为肾上腺素而放大。昏暗的光线也有助于营造亲密感，哪怕置身人群中也无妨，高端餐厅使用的就是类似效果。

S + 法国的暗黑餐厅 Dans Le Noir?

我印象最深刻的一次就餐体验是在巴黎的 Dans Le Noir? 餐厅用晚餐。这家餐厅的特色是让顾客暂时"失明"，在完全黑暗的环境中用餐。盲人服务员会引导顾客就座、上菜、帮助顾客找到餐具。餐厅没有点菜环节，顾客除了说明自己不吃哪些食物之外，不能选择想吃什么，所以用餐的一部分乐趣就在于猜测你吃的是什么。饭后，餐厅老板会向顾客展示他们吃下去的三道菜的图片。这些菜可能只是中等档次的传统法国菜，但这种既新颖又贴心的体验真的非常棒。自愿失明一小段时间既令人兴奋又让人不安，有些想去吃饭的人因为进入大厅根本看不见东西而匆匆作罢。但对那些足够有勇气留下来的人来说，食物的香气、味道、口感和温度都会被放大，因为为了抵消暂时失明带来的影响，他们的其他感官会超负荷运转。暂时失明还会产生一种轻微的焦虑，这种焦虑有助于增强与伴侣之间的情感联系。研究表明，轻微焦虑可以加速和加深感情的发展。就像过山车带来的刺激一样，对情侣的第一次约会来说，Dans Le Noir? 餐厅也不失为一个有趣的选择。

对比之下，家庭餐厅和购物中心的灯光明亮多了，这些场所之所以选用不同的灯光亮度，是因为它们希望传达的情感并不浪漫。

S＋夜晚的东京

夜游东京是一种非常美妙的城市体验，这座城市的一些购物区灯光通明，让人感觉好像还是白天，虽然生物钟告诉你现在已经是夜里，理应是黑暗的。除此之外，东京还有一些街道的布局走的是极简抽象派路线，与那些被霓虹灯淹没的商业区形成鲜明对比。这个城市的氛围极度超前，很像电影《银翼杀手》中的情节。不知为何，这里的灯光让人们就想去商场购物，而不是去酒吧或夜总会。

声觉客户体验值得分享

声音对环境气氛的影响巨大。安静的教堂和图书馆如同圣地一般容不得半点争吵。如果音乐节奏过于欢快，五旬节教堂里的礼拜仪式更像是一场摇滚音乐会。回想一下，我从来没有在图书馆里听过喧闹的音乐！

一座花园在午后暴风雨的交响乐中会显得充满力量：呜咽幽鸣的风声、断断续续的雨声、轰隆隆的雷声混杂在一起，共同渲染此刻花园里浓烈的氛围。与此形成鲜明对比的是，可能就在同一天稍早一些时候，温暖的上午茶时间，花园里满是蜜蜂的嗡嗡声和鸟儿悦耳的叫声。两种声音形成的对比很有戏剧性，而同样的原则也适用于商业环境。声音可以传达秩序或混乱、兴奋或平静、寒冷或温暖、安全或危险、和谐或冲突。声音为企业搭建了舞台，正如原声带和配乐为电影设定了主题，但是很多企业都没能找到属于自己的声音。

为了弄清周围的音乐如何影响顾客行为，研究者们进行了一些严肃的调查。在一家餐厅里，研究者发现，音乐的节奏和顾客停留的时间成正比——音乐越慢，他们坐的时间越久。一家英国葡萄酒店发现，当店内播放法国或德国的音乐时，当天那个国家的葡萄酒的销量就会增加。

S - 令人生厌的电台广告

广播、电视等传统媒体因其选择范围不敌网络媒体而逐步走向衰落。网络媒体用户可以选择自己要观看或收听的内容，还可以为了略掉广告选择从免费服务升级为付费服务。免费在线音乐平台 Jango 的客户体验可圈可点，在网站为用户打造的定制电台中，免除了声音的干扰——移动应用程序中的广告只有画面，没有声音。具有讽刺意味的是，我的 Jango 上最新的一则广告是宣传它的竞争对手、另一家互联网音乐平台 Spotify 的，足见 Jango 的广告策略还称不上十分高明。

许多受欢迎的电台都声称有无广告时段，以期通过更多的音乐吸引听众。可当电台以自相矛盾的方式打破"无广告"的承诺，进行无耻的自我推销时——哪怕只是介绍电台、介绍电台的无广告时段本身，或者预告即将播放的歌曲，听众都会感到失望甚至恼怒。

拨打客服电话时听到的待机语音可以反映出这家公司是否做到以客户为中心。接通电子客服是第一步，常常是"XX 请拨 1""XX 请拨 2"等提示系统。如果客户想询问的事项不在提供的选项之列，或者分类不明显，这时就会出现一个明显的痛点。最好的电子客服应该设置人工服务的选项，可以省去客户按照菜单提示进行操作的麻烦。另外还应有按照先后顺序进行回拨的服务，从而缩短客户等待的时间。通过电子客服的环节之后，客户接下来要做的一般就是拿着电话待机。

有些公司的待机音乐是一段非常糟糕的电子音乐，更适合在冰激凌车上播放；还有些公司利用客户等待的时间向他们推销产品或服务；为数不少的公司只是不断向客户重复他们此刻正在服务其他客户，并将很快接听他的电话。实事求是地说，这些待机语音没有一个值得听。

最好的待机系统值得一听，它会告诉客户他们排在队伍的什么位置，还要等待多长时间，如果他们不想等待的话可以做点什么。播报这些信息的频率是一条"盐曲线"：频率太低，客户会担心系统已经将他们遗忘了；频率太高，客户会因为受打扰而心生厌烦。在播报这些信息的空隙之间最好提供一些娱乐性的内容，例如音乐、新闻或笑话等，这往往比介绍公司情况、打广告，或鼓励客户通过公司网站等更划算的渠道联系客服之类的信息更令客户满意，也更具宣传效果。除了待机系统，现场的声音也不容忽视。

一个空间的填充方式在很大程度上决定了它的音响效果。被动声学技术超出了本书范围，但即使你不是一位声音工程师，也能意识到在工作场所，影响声音类客户体验的两个主要因素是说话的人和环境噪声。如果你的员工没有以正确的方式与客户对话交谈，客户体验就会大打折扣。如果现场播放难听的音乐或者声音太吵，客户就会觉得自己不受欢迎甚至产生被压迫感。令人不快的声音越是被放大，消极的效果也会变得更明显。

S－环境中的声音恐怖主义

在英国，许多大型超市为了驱赶栖息在外面树冠上的鸽子，会使用声音威慑的手段，结果，当你走到商店门口时，会听到一阵刺耳的尖叫声（据说是老鹰之类的动物的叫声）直刺你的耳朵。这种欢迎顾客的方式真是太糟糕了，还没进来就让他们感到极度不安。在英国，声音恐怖主义的受众不单单是鸽子。

早在2006年，英国一些地方议会就使用噪声威慑的方式防止青少年团伙在城镇的特定区域聚众闹事。这些噪声的频率令青少年的耳膜感到很明显的不适（在澳大利亚，一些零售商竟试图用古典音乐来代替）。英国市政当局希望通过这些噪声迫使青少年离开，减少他们单纯因为无聊而造成的破坏行为。如果站在以客户为中心的角度，市政当局也可以选择提供某些适合青少年的设施和娱乐活动，以缓解他们的无聊情绪。然而，有些时候，缓解无聊就得从听众的耳朵入手。

我的一位朋友在医院接受功能性磁共振成像扫描时，有一段极其嘈杂而痛苦的经历。在进行磁共振扫描时，患者头部要被限制在一个狭小的金属隧道中，让人感到幽闭恐惧，一旦到位，患者就无法从设备的口中逃脱，也无法看到任何东西。扫描过程中噪声很大，电子设备砰砰、嗡嗡作响，患者也被禁止说话。因此，扫描过程中患者一般会戴上耳机。理想情况下，医院应该通过耳机播放一些舒缓的音乐抵消机器的噪声，缓解患者的焦虑和不适。令人震惊的是，我的朋友在耳机里听到的是九寸钉乐队的《更近一点》（Closer），这首歌的歌词与成人主题相关，非常直白，充满挑衅意味。我朋友之前从未接触过这种类型的歌曲，她感到震惊且恶心，扫描结束后，她飞快地离开了，根本不知道应该和医护人员说些什么。

许多企业对于客户体验中声音元素的设计颇费心思，例如在培训员工时，命令他们与客户或其他人沟通要有礼貌、懂分寸。通常情况下，面对面交流只是公司整体沟通策略的一部分。从更大层面考虑与客户的沟通策略，涉及向客户传递信息的响应性、频率和密度。如果需要音乐，那就用适当的音量播放适当的歌曲。好的企业能在客户体验的声音元素上打造竞争优势。哈雷戴维森摩托车之所以受欢迎，它发动机的声音和音量功不可没。下面的例子证明了劳斯莱斯汽车的魅力所在，安静是它的一大优势。

S+与众不同的声与静

你可能认为哈雷戴维森摩托车和劳斯莱斯汽车除了价格昂贵之外，没有太多共同点。但是再想一想，你会发现，这两家企业都将自己的品牌和声音联系起来。哈雷戴维森摩托车的轰鸣是一种充满激情的呼唤，彰显在开阔道路上驰骋的自由。1994 年，哈雷公司申请将其摩托车排气时的"嘎嚓"声注册为商标，但受到 9 家同行厂商的反对，6 年后哈雷戴维森放弃了商标申请。相比之下，劳斯莱斯并没有为它们引擎发出的声音贴上商标，只是大力宣传这种声音的稀缺。

1957 年，大卫·奥美成为劳斯莱斯的广告商，为劳斯莱斯策划了 26 条头版标题，其中最精彩的一条是，"在时速六十英里时，这辆新款劳斯莱斯汽车上的最大噪声来自它的电子钟"。1958 年，劳斯莱斯的销量增长了 50%。2017 年，劳斯莱斯幻影推出一款定制的 1300 瓦立体声系统，配有 18 声道扩音器、18 个喇叭，以及 20GB 的存储空间。为了确保音量始终处于适当水平，汽车还内置了麦克风监测周围的噪声波动，并根据环境对声音做出相应调整。现在的劳斯莱斯似乎已经抛弃了往日的安静，更加追求声音了。

创造良好客户体验的关键一环是如何解决客服问题。当产品出现问题，客户或寻求帮助或决定投诉时，他们从企业客服人员口中听到的第一句话无比重要。这种情况下，一句简单的话就能将这个消极的局面扭转为一个潜在的宣传机会。这句话包括三部分："对不起""谢谢""我保证"。

当客户向企业反馈产品问题时，他们应该听到的第一句话就是"我很抱歉这件事情发生在你身上"。许多客服人员不愿意道歉，因为他们认为道歉就意味着企业要承担责任，不符合企业的最佳利益。这是错误的，原因有二：第一，如果客户想要诋毁你们公司，他大可采取更具破坏性的行为，即警告其他人远离你的公司，而不是要求全额退款或更换产品；第二，对发生的事情说对不起是表示同情，与承认或否认责任并没有直接关系，它只表明你很在乎客户的感受。将一味规避责任作为客户服务政策的公司，只有到了会让公司蒙受损失或遭受风险的时候，才愿意与客户好好沟通。具有讽刺意味的是，这种做法肯定会让一部分客户成为诋毁者，让公司损失更多商誉。

好的公司在道歉之后会真诚地感谢客户让它们注意到这个问题。在这种情况下，公司有机会解决问题，确保客户满意（最好是开心）地离开。同样，很多公司不愿意感谢客户给它们带来的问题，因为他们不想面对自己公司不甚完美的现实。还有一些公司从一开始就认定，反馈问题的客户是想从中获利。这对一小部分客户来说也许不假，但大多数顾客在受到尊重和同情时会表现得相当理性。

接下来是消除客户对解决问题的焦虑，告诉他们你肯定会将问题解决掉。对于那些期望值较高的客户，客服人员的保证坚定了他们的积极信念；而对于期望值较低的客户，充满信心的承诺或许能让他们从潜在的诋毁者开始转变为热心的宣传者。从长远来看，当出现问题时，找到一家信守承诺（无论是隐是显）的公司，远比与一家以前从未出现过问题的公司打交道更有安全感。对于前者而言，客户相信自己会得到关注，他们的问题也会得以解决；对于后者，客户可能会在心里暗自担忧，不知在遇到问题时会发生什么。

最后就是确定如何正确地解决问题，并向客户承诺在合理的时间范围内解决。这时候，所谓的恰当与合理完全取决于旁观者。这也是许多公司错失了取悦客户、让客户成为宣传者的良机。究其原因，很大程度上是由于公司对负责处理客户问题的员工缺乏足够的授权和信任。

S-缺乏授权的雪景公司

有一年冬天，我去日本滑雪，启程之前，我在澳大利亚的雪景公司（译者注：Snowscene，澳大利亚一家销售滑雪用品、从事旅行业务的公司）购买了一些新设备，包括一副新的护目镜。不幸的是，当我到日本后发现护目镜出了问题，一直起雾，导致我几乎什么都看不见。我在滑雪场的坡地上浪费了一天的时间，晚上尝试使用了除雾剂，但没有任何变化。第二天还是什么也干不了。于是，我来到滑雪场里租用雪具的地方，请一名工作人员检查一番。她发现护目镜的双镜片部分松脱，导致雾气在两层镜片前后的间隙里聚拢。她向我保证，制造商肯定可以更换保修，但因他们只是该品牌的零售商，所以她没法为我更换镜片，因为我不是从他们国家买的，更不用说不是从她的店里买的了。最后，我不得不花了8万日元买了一副新的护目镜镜片，以图挽救我剩下的假期。

回到澳大利亚后，来到我原来购买护目镜的店里，要求将有问题的镜片退款，好弥补我在日本花钱重新购买镜片的损失。我将最开始的收据和更换镜片的收据，以及日本代理商解释整个问题的说明信一并带了过来。接待我的客服人员表示，她无法授权退款，但答应联系当时正在休假中的店主。一周后，我收到一封极不以客户为中心的电子邮件，店主回复说，他们很乐意提供更换镜片的服务，但不能退款。我打电话给这位店主，表示这个结果很令我失望，尤其还让我错过了两天的滑雪假期。对此他的回复是，他正在与生产商讨论退款问题，但这还需要花上几周的时间。

得到这样的答复，我对他们缺乏责任心的做法感到非常失望，于是我很直接地将这一点告诉了店主。我在出发前在他那里买了1500多美元的滑雪用具，他迅速地就把钱收走了。因为他在这笔交易里赚取了差价，所以当他把有问题的护目镜卖给我时，我有权要求立即退款，然后他再和生产商交涉。最后，他同意了我的方案，我不用再等了，得到了退款。但是，如果最初的客户服务人员就得到授权，向我道歉，对我表示感谢，并当场退款，客户体验就会更好。对公司来说，这笔钱的花费是一样的，但对商誉的影响就大不相同了。

除了传统的客户服务之外，数字界面正朝着纯音频交互的方向发展，这种功能背后的软件叫作"聊天机器人"。安卓设备上的谷歌助手、苹果设备上的 Siri、微软操作系统上的小娜（Cortana）、亚马逊的亚历克萨（Alexa，安装在亚马逊的智能音箱 Echo 设备上）都是聊天机器人。聊天机器人服从客服的语音指令，可以搜索网页、选择功能、启动应用程序、播放音乐、发送短信、口述清单、只通过简单交谈就可以完成购物等。最先进的聊天机器人可以被编程成人类，甚至能够通过简单的图灵测试。[①] 未来，这项技术将会持续升级，或许将大幅度减少人类在客户体验中承担的作用。在日本的老年护理行业，有企业正在开发护理机器人，以取代护工人员，从而应对该国严重的社会老龄化问题。

---

① 图灵测试由艾伦·图灵于1950年发明，是一种判断机器是否智能的方法。在图灵测试中，测试者会向一组人或机器提问，但不知道哪些答案是由哪一方回答的。最后如果测试者不能通过回答将人和机器区分开来，就认定机器是智能的。

S+爱意满满的日本护理机器人

日本的企业在专门为老年人设计机器人方面处于世界领先地位。为应对 2015 年前后出现的 100 万名老年护工短缺问题，日本政府预算的三分之一被用来开发护理机器人。

本田研发的阿西莫（ASIMO）是一款人形机器人，具有语音和面部识别功能。未来的阿西莫可以为老年人提供食物，帮助老年人开关灯，但是目前更多的只是作为老年人的陪伴和玩具。对比起来，日本理化学研究所专门开发的机器熊（Robobear）能将老弱病人从轮椅上抱起并转移到床上，但与阿西莫不同的是，机器熊不会说话。

嗅觉客户体验触发记忆

气味具有触发人的记忆的潜力，但嗅觉却是客户体验中最没有被充分利用的感官。嗅球是人体感知气味的组织，与杏仁核和海马体相连，大脑的这些区域与记忆功能紧密相连。和嗅觉不同，来自人类其他感官（视觉、听觉、触觉）的信息不会直接通过大脑的这些区域，这也就是为什么只有嗅觉能够成功触发记忆的原因。

明显依赖于嗅觉的有香水行业，某种程度上，咖啡馆和餐饮行业也在其列。闻着美味佳肴的香味是一件非常美妙的事情，著名厨师赫斯顿·布卢门撒尔就经常利用这一点，将嗅觉提升至更高的层次。反之亦然，被烧焦或腐烂的东西的臭味所环绕是一种相当糟糕的体验。我曾经非常不幸地在一家咖啡馆附近工作过，那里有一名咖啡师几乎每天都会将煮咖啡的牛奶烧焦，在长达半个多小时的时间里，空气里一直弥漫着难闻的烟味。相似的情形发生在捕鱼者的身上，任何一位想要捕获新鲜鱼的人肯定都曾在同一地点遭遇过腐烂的鱼尸体散发出的恶臭。总之，聪明的企业家为达到营销目的，会想出如何在客户体验中加入气味因素的好办法。

一些房地产中介建议，厨房里新鲜出炉的面包或饼干的香气，以及门厅处摆放的鲜花散发的芬芳，都能提高房子出售的概率。其他有益的香气技巧还包括，清洁冰箱时加入的除味剂和浴室里点的香薰蜡烛。当然，一座漂亮的花园也可以为房子加分，但最好不要选择在客户来参观的日子施肥。诸如此类，一些大公司使用气味匹配它们的品牌，提高其客户体验。

新加坡航空公司专门设计了一款斯蒂芬·弗罗里达香水，在它们的机舱中使用。这款香水用来改善舱内的污浊空气，让旅客心平气静，从而更好地享受旅行。美国五金连锁店劳氏让它们的店铺散发着刚刚砍伐的木头的清香，从而刺激来到店里的顾客有种想要翻新房屋的冲动。美国休闲品牌阿贝克隆比&费奇（A&F）在店里喷了浓郁的男士香水，将它们的品牌和店铺与香水味联系在一起，以达到吸引青少年顾客的目的，让他们感到"经典、好看、酷"。不幸的是，A&F做得太出格了，有些客户甚至提出抗议，认为它们的香水中含有对人体有害的化学物质。这也说明，正确地使用气味和客户体验的许多其他方面一样，也是一条"盐曲线"。

S+皇家哥本哈根冰激凌的气味营销

19岁我上大学时，就在澳大利亚黄金海岸的皇家哥本哈根为当地人和游客制作冰激凌。30多年过去了，这家店仍旧发展势头强劲。皇家哥本哈根的独特之处在于，用来盛冰激凌的华夫蛋筒是当着顾客的面现场制作的，因此附近50米的范围内都能闻到诱人的香味。这种香味吸引着来来往往的潜在顾客，诱使他们掏钱购买冰激凌。为了让顾客更容易屈服于诱惑，公司还培训员工向顾客提供免费试吃。下面我要讲的是悉尼特许经销商的故事，如果故事是真的，就证明了皇家哥本哈根的气味营销比预期的更加有效。

皇家哥本哈根悉尼塔店的店主想要扩大经营，打算在悉尼CBD特许经营区域内选择另外一个地点。他们最终选择的地点完全违反正常人的直觉——不是在另一个购物中心选址，而是在同一个购物中心开了第二家。令人惊讶的是，悉尼塔的第二家皇家哥本哈根店开业后，第一家店的销售额增长了15%。看起来，不少顾客被华夫蛋筒的香味所吸引，也许从第一家店旁走过忍住没买，但当他们再次闻到这种香味时，他们实在无法抗拒了！

触觉客户体验引发联想

对客户体验起作用的最后一种基本感官是触觉。触觉包括客户对环境的物理感觉，例如美利通酒店（Meriton Hotel）提供各种各样的枕头供客人挑选，帮助客人在夜间获得更优质的睡眠。尤其对有睡眠困难症的客人来说，简直要谢天谢地。另外一个你可能想不到的地方是餐馆（不是指食物），触觉在那里同样发挥重要作用。

Garuva 是布里斯班一家中档休闲餐厅，来到这家餐厅的顾客将会获得非常独特的用餐体验。餐厅为每一组用餐者提供一个相对独立的区域，从天花板垂到地板的雪纺窗帘将不同的区域隔开。餐厅提供足够多的坐垫和一张低矮的桌子，所有就餐者都坐在地板上，在坐下用餐之前，他们还需要脱下鞋子。Garuva 坐落的区域以波西米亚风格著称，与在这里悠闲放松的用餐体验相得益彰。Garuva 绝对称不上是家精致的餐厅，但是不坐椅子、不穿鞋，加上窗帘的装饰，确实令人印象深刻，比起那些椅子极不舒服的快餐店要好得多，这也是为什么用餐者在快餐店里待不久的原因所在。

Garuva 是通过做减法实现创新的很好例子，这一招可以说非常有效。在巴塞罗那，很多酒吧也采取类似的做法——酒吧里没有摆得满满的酒瓶，相反，顾客可以从固定在墙上的饮料机里自助倒酒。你可能会觉得这种方法有点俗气，但实际上，这些酒吧开辟了一个十分有趣的利基市场。他们提供好喝且高品质的葡萄酒，却不像那些铺着白色桌布的餐厅那样贴满价格标签，因此这里的氛围比那些低端酒吧或小酒店更为精致。更值得一提的是，顾客按杯付费，根本不存在别的酒吧里酒瓶有剩余的问题，因为没有浪费。

S-IS+绿野中的一天

斯洛美酒庄位于昆士兰州东南部，在地理位置上本来存在劣势，但它却成为当地一个非常著名的旅游景点。昆士兰东南部气候炎热，并非种植葡萄的理想之地。斯洛美酒庄生产自己品牌的葡萄酒，也种植自己品牌的葡萄，但这些葡萄是与其他地区的葡萄品种混合而成，以达到改善葡萄酒品质的目的。考虑到天气和土壤条件，斯洛美的葡萄酒还算不错，该酒庄的成功来自它对葡萄园中部分土地的重新再利用。

酒庄以"绿野中的一天"为品牌，每年定期举办针对40岁以上顾客的音乐会。音乐会上，酒庄邀请20世纪80年代的乐队，为大约1万名观众现场演奏。说到这里，你也许会回忆起自己十几岁时参加的大型户外音乐会——在那里，停车是一场噩梦，入口处要搜查行李，门票分三六九等，不同的门票坐不同等级的位置；所谓厕所就是个可移动的塑料箱，里面满是化学冲剂和无处躲藏的污水所散发的恶臭；每一个演出现场都有人推销帐篷，卖的东西不过是黑色旅游T恤……

然而，酒庄的组织者早已经斟酌过客户体验的问题，考虑到年长观众的特定需求和喜好，音乐会的很多体验都得到了极大改善。

音乐会上有一位经验老到的主持人，带动观众更积极地参与其中，在音乐演奏的间隙中制造各种喜剧效果。舞台两侧设有大屏幕，确保离得较远的观众也能清清楚楚地看到他们昔日的音乐偶像。音乐也有点吵，但还不至于吵到像全是年轻人的演出那样，在演出结束几小时后耳朵还是嗡嗡作响。当天晚上，酒庄还安排有烟花表演，用来分散离开的人群，缓解所有人都想在第一时间蜂拥而出的交通压力。食品供应商为人们提供丰富的特色快餐美食，味道肯定比你自带的普通便当好很多。在音乐会现场，你还能买到酒，啤酒、葡萄酒、烈性酒一应俱全。当然，这些酒都是斯洛美自己家的。美中不足的是，葡萄酒是用塑料杯装的。

饮酒是一项很有品位的活动，更好的风景、更具格调的氛围，当然还有更适合的玻璃器皿，都能起到提升效果的作用。斯洛美的组织者在音乐会上禁止使用玻璃杯，可能是出于控制风险的目的。但是不得不说，他们可能没有抓住要点，因为音乐会上都是上了年纪的观众，而他们已经不再酗酒、不再冲动。即使他们中的有些人是当年的朋克摇滚青年，但被邀请来到"绿野中的一天"音乐会的是一群温和得多的老年音乐家，他们吸引的也是一群更加成熟的听众。或许可以将玻璃杯放在某个固定的区域，供某些顾客使用，以增强葡萄酒的口感。

最后一个关于触觉改变客户体验的例子是地砖。商店地砖的大小不同，顾客的移动速度也会不同，尤其在你推着手推车的时候，效果更加明显。有些零售商在陈放更昂贵产品的区域选择安装更小的地砖，借此降低顾客的速度，增加他们注意到高价商品的机会。这种影响十分微妙，也相当有效，某种程度上甚至是有点昧良心的手段，好让消费者花更多的钱。还有些类似的手段，例如播放慢音乐，以及在商店的入口处设置障碍，人为设置一个过渡区域，让消费者进来后被迫放慢脚步。许多商店将日常必需的商品放在后面，顾客为了找到它们，不得不从其他商品旁经过。绝大多数的商店在安排货架时，首先确保利润最高的产品在顾客的视线正前方，其他产品或者位于货架的上方，或者在货架的下方。因此，顾客不经比较、随便选择的商品，大多是企业销售最赚钱的产品。

但是这些方法有悖于以客户为中心的策略，从长远来看，反而会导致客户的流失（参见下一章中的宜家案例）。

以上所讲的时间、情绪、风险、金钱、环境、感觉（TERMS），旨在告诉读者应该去哪里寻找客户痛点。有时，你还需要凭直觉推断出客户忽略掉或力求避免，但未能直接表达出来的痛点。同时，TERMS理论还可用来指导实现渐进式的客户体验提升，对于很多企业来说，这是提高其竞争地位的必要手段。但是，渐进式的客户体验提升对建立可持续的竞争优势还远远不够，为了获得市场优势，你可能需要更强有力的创新。这就是下一章的主题，颠覆性创新。

第六章　客户体验如何养成或改变

如果企业或行业希望将客户体验提升一个层次，必须进行创新。尽管所有创新都呈现出某些相似的新奇元素，但具体到不同的创新，形式和规模也不尽相同。大创新往往比小创新更有效，同时风险也更大、实施起来更难。但好消息是，如果创新是成功的，它们经常能够创造出与投资成本不成比例的回报。

我们通过长期与多家企业的合作发现，企业在设计、评估和实施创新方面的能力高下有别。虽然创新能力存在差异，但对于哪些创新可行、哪些创新不可行，确实存在一些基本的准则。在我们考察企业的创新能力之前，介绍某些普遍可行的创新举措很有必要。

并非所有创新都是平等的

学术领域始终在研究如何衡量创新，很大程度上是因为创新的概念和管理方法可以推广到很多行业或市场，但是具体的创新却都是从某一特定领域开始的。所谓创新，就是将最先进的技术以一种有用的方式向前推进。一个很好的例子就是著名的发明家托马斯·爱迪生。

1878年，爱迪生开始研制一种实用的电灯。他知道，某些金属在电流通过时会发光，他要做的就是找出一种合金，在不熔化的前提下发出明亮而稳定的光芒。这种合金将推动最先进的技术向前发展，成为第一个电灯泡的灯丝材料。爱迪生尝试了各种各样的材料，包括碳、铂和其他金属，失败了一百多次。但据爱迪生自己所说，他实际上根本没有失败，他只是找到了许多种解决问题的方法。直到1879年年末，一盏碳丝灯持续亮了13个多小时，后来成为电灯这项专利的基础。爱迪生和他的团队随后发现，碳化的竹丝可以使用1200多个小时。这一创新很快被爱迪生成功地应用在商业领域，并最终催生了通用电气公司（GE）。

通用电气的案例表明，创新就是市场领先、获得专利。有一批商业上成功的创新确实是始于专利，但还有很多企业的创新并非如此公开，而是作为商业机密存在的。例如，美国可口可乐公司的秘密配方对它旗下各种饮料的口味和成功而言至关重要。不过，可口可乐在美国以外的一家特许经销商甚至更为成功，这就是澳大利亚的可口可乐阿马提尔公司（CCA），这一点颇值得玩味。阿马提尔在澳大利亚占据绝对主导地位，约80%的软饮料销售都是通过可口可乐公司的账簿完成的。相比之下，在美国的软饮料市场中，可口可乐只能和百事可乐平分秋色。阿马提尔的成功，部分原因是建立在一个非常简单的创新之上。

阿马提尔意识到，如果为下游零售商提供免费冰箱，就能卖出更多商品，并为竞争对手的进入制造壁垒。之后，免费提供的冰箱变成了优势更加明显的后混合饮料系统，其最大的益处就是减少了商店储存软饮料所需的空间。零售商可以免费安装阿马提尔设备，只要他们承诺仅用它销售可口可乐的产品。等到百事可乐也想在澳大利亚市场复制这一做法时，许多零售商已经采用了阿马提尔设备，也没有充分理由做改变。自此，百事可乐就不可能超越可口可乐阿马提尔在澳大利亚的市场份额了。

阿马提尔的案例表明，创新就是先行一步，通过客户响应获得商业成功。然而，企业内部还有一类创新，它们不会直接让客户受益，相反，它们只会让公司内部的其他主体受益。下面这个例子来自孟加拉国。

孟加拉国在国际服装制造市场占有重要地位，且每年产出约 100 万包固体服装垃圾。这些垃圾要么被扔在路边，要么被带走烧掉，造成了严重的环境问题。孟加拉国的许多城市没有足够财力投资治理垃圾的基础设施，但同样它们也不能没有服装制造业，因为约 400 万女工受雇于该行业。通常，这些女工拿的都是计件工资，这就意味着只要她们失去工作一天，就会失去雇主或社会的保障。这些女工中有不少人因为买不起在发达国家被视为理所当然的女性卫生用品，不得不在月经期间请假。实际上，女工们更希望在此期间继续工作，赚取更多的收入，于是，"埃拉垫"（Ella Pad）应运而生。比起进口到孟加拉国的女性卫生产品，埃拉垫是价格更便宜的本地替代品，由一家非营利性组织用服装制造的废料制成。因此，这一创新的成功更多地体现在社会影响和人工生产力方面，而不是商业结果。这表明，一个全面的衡量创新的标准不应该仅仅考虑纯粹的、以外部为中心的商业因素。

我们已经开发出一套衡量创新的实用方法，包含三个因素：领先、有用、成功。综合这三个因素，可以有效评估某个举措的创新性如何。上述三个案例所得出的结论同样包含在这些因素当中。

创新性 = 领先 × 有用 × 成功			
	领先	有用	成功
10	世界	试用	再定义
8	行业	适用	重复
6	公司	更好	超额
4	部门	简单	完全
2	团队	清晰	部分

第一个因素——"领先"，但是很多人所谈论的创新或许已经被别人成功实施了。这也是为什么大家普遍认同，与自己所在的行业、公司或部门首次引进其他地方已经验证成功的创新相比，亲自去做"世界第一"的创新意味着规模更大、风险更高、潜力更大。大多数

创新并不是"世界第一",实现全球性突破对于发展型企业来说,不仅罕见,而且极具风险。

第二个因素——"有用",就是指如何从用户的角度出发解决问题。这一点相当重要,因为创新的开发者通常并不是创新的用户。对于潜在解决方案的创新性,用户基于其自身的理解、与特定环境相关的成本与收益,以及所谓创新是否给他们带来更多困扰,通常会有截然不同的看法。因此,很多用户支持在有限的基础上,应该在实施创新之前进行试验。最好的创新能为用户提供简单、明确、低成本、高效益的解决方案,并允许他们在购买之前有机会试用。

第三个因素——"成功",与问题解决的好坏程度相关。这一维度突出了艺术、发明与创新之间的差异。艺术是一种创造力,最纯粹的艺术与解决问题无关。艺术家是自我表达的典范,超出这一点后就变成了发明家。发明同样是创造力的表现,但与艺术相比,它们也是针对问题的概念性解决方案。当发明被成功实施时,它们就变成了创新。好的创新能够超越它们最初被开发出来用以处理的特定环境,适用于更大的领域。开发者越是能够成功地扩展一项创新,就越具有革新性。吊诡的是,一家企业能否吸引资源实施某项创新,又反过来取决于这项创新与开发者所在的组织是否契合。

通常情况下,对上述三个因素的衡量会犯下绝对性的错误,认为它或者有,或者就没有(如你或者是第一,或者不是;或者有用,或者没有用;或者成功,或者不成功)。然而,在实践当中,每一个因素都可以在模拟尺度上进行测量,而不是像开关一样非黑即白。上面这张表格是一张包含三个创新因素的实用量表,利用该表可创建一个创新性评分体系,对来自不同领域的创新进行比较。使用该表时,请在每一列中选择相应的选项,然后将三个分数相乘;每一列选项的最高分是 10 分,三项相乘的满分是 1000 分。注意,你在每一列中的选项应该也包含较低分值的选项。例如,如果某项创新像爱迪生的专利一样是世界第一（世界 = 10/10 第一），那么根据定义，它也是行业第一（行业 = 8/10 第一）。这一点在"有用"一列中尤为重要。

举个例子，如果一个用户能够理解某项创新（清晰 = 2/10 有用），认为它简单易用（简单 = 4/10 有用），并且觉得它适用于实际情况（适用 = 8/10 有用），但是却嫌它的价格太高，那么它就称不上"更好"。在这种情况下，该创新的有用性评分仅为 4/10。如果埃拉垫生产出来的商品对孟加拉国的制衣女工来说过于昂贵，就会出现这种情况。值得一提的是，这时该项创新对另外的用户来说或许更有价值。如果孟加拉国的地方政府能够针对不同的客户建立销售和分销渠道，比如向其他国家出口埃拉垫，那么埃拉垫就成为政府解决垃圾问题的方法之一。这就是最后一列在衡量创新性上所发挥的作用，尽管它解释起来更为复杂。

一般情况下，创新属于前期投资，也就是说，在公司中通常需要进行某种类型的审批流程，以获取创新所需的资源。在这个阶段，创新的策划者必须向公司证明，尝试创新的成本和风险是值得的。这时往往还要涉及预算。如果创新有效果，但没有达到预算原计划的水平，那么它只能说是部分成功（部分 = 2/10 成功）。如果它达到了预期效果，那么它就是完全成功的（完全 = 4/10 成功）。在实际情况中，创新的开发者在申请预算时往往会表现得更加审慎，因此，大多数人最后实现的效果要比他们在申请审批流程所承诺的更为成功（毕竟，少承诺、多交付要比反过来好）。如果创新达到了开发者希望的水平，那么它就是超额完成了预算任务（超额 = 6/10 成功）。上述这些分数均适用于首次创新的实施，如果这项创新在类似的情况下能够重复工作，显然它是一个更好的创新（重复 = 8/10 成功）。而最为成功的创新是超越它原本的应用范围，并在其他不同的环境下发挥作用（再定义 = 10/10 成功）。激光就是这类创新的一个例子。激光最早被用于更精确地测量地球和月球之间的距离，从而更好地绘制潮汐图。现在激光在光纤通信和固态硬盘驱动器中用作激光指示器，在眼科手术中用作精密切割器，适用范围大大扩展。

找到创新"甜蜜点"

创新有三种类型，这些类型对试图开发和实施创新的公司具有重要意义。根据前文所述的评分标准，得分低于 200 分、微不足道的创新即渐进式提升。考虑到领先、有用、成功三个因素，如果每个因素都得 6 分，创新性总分就是 216 分。对于这类创新，"领先"仅仅指首次用于企业（企业 = 6/10 领先），为用户提供的产品更好但适用性不强（更好 = 6/10 有用），因此，这些改进常常难以实现开发者的期望（超额 = 6/10 成功）。如果某项改进举措的评分连 200 分都不到，那么它甚至不能被视作创新！

相比之下，颠覆式创新的得分超过 600 分。以一项得分 640 分的创新为例，如果它实现的是一个全球性的突破（世界 = 10/10 领先），那么它也将施惠于用户，提供与用户所处环境相匹配的产品或服务（适用 = 8/10 有用），并且能够应用于多个部门或行业的相似系统中（重复 = 8/10 成功）。如果某项创新仅仅做到了行业领先（行业 = 8/10 领先），那么如果想要达到同样水平，就必须满足以下两个条件的其中一个：该创新要么在投入使用之前支持用户测试（试用 = 10/10 领先），要么得同样适用于行业中其他不同的应用场景（再定义 = 10/10 成功）。

进化式发展介于渐进式提升和颠覆式创新之间。进行此类创新最简单的方法是从渐进式提升开始，前提是确保它们符合用户的实际情况。它们或许依旧能在其他地方得以验证（企业 = 6/10 领先），但是因为它们更贴近用户（适用 = 8/10 有用），所以通常能满足开发人员的预期（完全 = 6/10 成功），这样在整体创新性方面就获得了 288 分。

微软公司在使用这一策略方面独树一帜,可以称作行业内的快速模仿者。它开发的 IE 浏览器取代了网景导航者(Netscape Navigator)的地位,前者更适合用户使用,因为它是微软 Windows 系统自带的浏览器。它的电子表格软件 Excel 能够更好地与 Word、Outlook、PowerPoint 等其他办公软件集成,极大地便利广大用户,因而淘汰了莲花公司的 Lotus 123 和科亿尔公司的 Word Perfect。Prezi 是文稿演示软件领域的后起之秀,但它并未从微软的 PowerPoint 那里抢得多少市场份额,甚至连谷歌 Docs 的免费软件也很难撼动微软 Office 办公软件套装的市场地位。

		领先	有用	成功
颠覆式	10	世界	试用	再定义
进化式	8	行业	适用	重复
渐进式	6	公司	更好	超额
	4	部门	简单	完全
	2	团队	清晰	部分

进化式发展是目标创新的理想水平。这种程度的创新可以在不冒公司倒闭风险的情况下,推动业务的发展。下一节我们将详细讨论怎样的进化式发展是最合适的。

处理创新的三个阶段

企业在开发或实施上述三种创新时,表现出的能力也会有所不同。一般而言,企业可以同时应对许多渐进式提升,只要这些创新可以在企业的单一职能范围内实现即可。进化式发展则需要企业内部不同职能部门进行合作。我们发现,最具创新力的公司可以同时进行 4 到 8 项此阶段的创新;但对缺乏创新力的公司来说,哪怕只进行一两项都举步维艰。颠覆式创新是完全不同的量级,根据我们的经验,大多数公司能够应对的极端程度创新的数量是一或零。因为进行颠覆式创新的公司即使取得了暂时的成功,最终也有可能面对将自己整垮的危险。

	领先	有用	成功	
颠覆式	世界	试用	再定义	0~1
进化式	行业	适用	重复	4~8
渐进式	公司	更好	超额	许多

我们可以一起回顾一下 IBM 公司的 PC(个人计算机)业务。IBM 的 PC 创新在当时是世界领先、适用性强、可复制的成功,创新性得分达 640 分,这是非常了不起的。因为在研发阶段时,IBM 公司高管还曾削减预算,险些扼杀了这一创新。但是工程师们对待这项创新就像对待自己的孩子一样,始终不愿意放弃,他们与外部机构签订合同,解决与外围设备和操作系统开发相关的关键工程难题。他们与当时羽翼未丰的微软签订协议,使后者保留个人电脑操作系统 DOS 的版权,并对每台售出的电脑收取版税。从表面上看,这笔交易对 IBM 是利好的,因为这样它就避免为 PC 体系生产软件平台花费数百万美元的前期开发成本。同时,IBM 发布了一系列关键的设计指标,允许别的制造商生产其他必要的硬件组件,如磁盘驱动器和打印机等。结果导致 IBM 在为个人电脑市场打造出一片天的同时,也为自己创造了竞争对手(如惠普),并且失去了对关键知识产权(如 DOS 系统)的控制。直到今天,PC 业务仍在发展,许多家不同的制造商纷纷加入进来。有些公司比如康柏已经半途而废,被新的公司如惠普和戴尔迎头赶上。微软的业务从 DOS 系统发展到广泛的 PC 软件应用,目前仍在不断壮大。遗憾的是,IBM 已经不再生产个人电脑,而是被联想取而代之。PC 创新最终获得了巨大的成功,但 IBM 却并未分到足够多的羹。

从上面的分析得出的结论是，大多数公司对这三种创新形式都应有所准备，尤其是涉及客户体验的创新，因为创新本身就是一条"盐曲线"：

- 提供资源和授权，鼓励公司基层尤其是一线员工进行渐进式提升。其中有潜力发展成进化式发展的，交由上一级监督管理者负责。
- 针对主要由中层管理人员实施的进化式发展，审批预算，确保人员的权威性和问责制，限制并行开发的数量。其中有潜力发展成颠覆式创新的，交由高层管理人员负责。
- 审慎限制高级管理人员或董事会做出的颠覆式创新的决定。这个团队应对企业何时展开某一特定的颠覆式创新负责，并深入探究企业战略转型的形式、范围、资源和风险管控。

要么是持续性的，要么是颠覆性的

除了考虑创新所处的不同阶段以外，企业还需考虑创新的类型：是持续性的创新，还是颠覆性的创新？持续性创新可以提高企业在既定市场模式下相对于同行的竞争优势，现有的市场参与者们更愿意投资持续性创新，因为它们直接回应公司最有利可图的客户需求。持续性创新看上去风险更小、利润更高，尽管它获得的市场优势往往是暂时的。成功的商界弄潮儿能够有效驾驭颠覆性创新。颠覆性创新旨在推翻现有的市场领导者并改变行业范式，它对老牌商家没有太多吸引力。

颠覆性技术最初仅表现为次等技术，无法满足成熟市场的关键性能需求。但是它们在某些次要性能维度上优势突出，因此从某些行业挑战者那里吸引到了投资。一旦该颠覆性技术在主要性能方面有了足够的改进，市场就会迅速翻转，将现有技术甩在身后。这时，次要性能维度将重新定义市场范式。

以汽车行业为例。使用内燃机的汽车取代了马车，包括汽车制造商、加油站和机修工等在内的整个行业网络都从发动机技术中获利。一直以来，汽车制造商始终致力于提高汽车的里程和效率，混合动力汽车就是这一趋势的最新成果，可以说是一种持续性的创新。相较而言，电动汽车仍在起步阶段。电动汽车不排放废气，没有噪声，运动部件较少，大大降低了使用成本，不过目前它们的行驶里程有限，价格普遍不菲。但随着电池技术的开发，电动汽车有望取代传统汽车，扰乱汽车制造商、加油站和机修工的市场秩序。在特斯拉出现之前，汽车制造商迟迟不愿意开发电动汽车，而现在它们正努力跟上潮流。

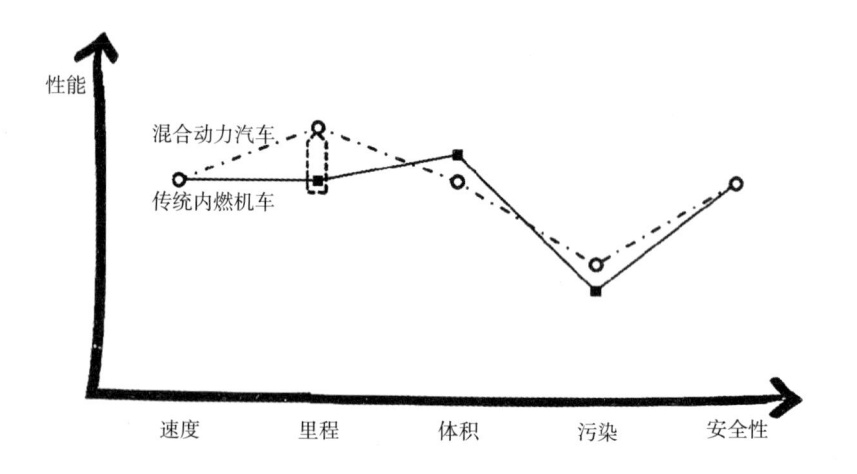

传统内燃机车每升汽油约行驶 15 千米，一满箱汽油最远行驶里程约 700 千米。混合动力汽车属于持续性创新，能将每升汽油的行驶里程提高至 22 千米，总行驶里程超过 850 千米。混合动力汽车的优点在于，可以稍微减轻污染，且体积较小。

全电动汽车不会产生废气，随着行驶里程不断提高，电动汽车将会成为颠覆性的创新，因为它们更安静、更清洁。这将使市场从混合动力汽车和传统内燃机汽车转向电动汽车。

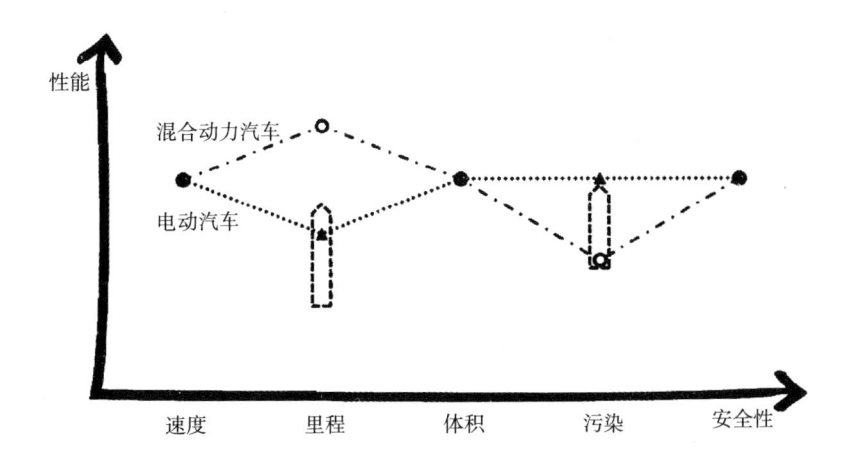

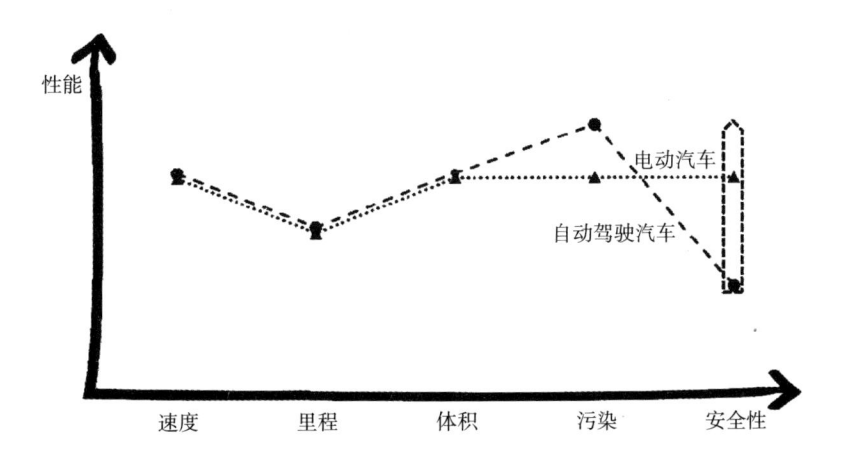

[图：性能对比图，横轴为速度、里程、体积、污染、安全性，比较混合动力汽车与电动汽车]

[图：性能对比图，横轴为速度、里程、体积、污染、安全性，比较电动汽车与自动驾驶汽车]

未来，自动驾驶汽车可能比人类驾驶的汽车更安全，这将是对汽车市场的又一次颠覆。因为那时交通信号灯、停车标志、车道标志等都失去了存在的必要。自动驾驶汽车还可以减少另一种形式的汽车污染，即交通堵塞。此外，这也意味着酒后驾车不再是人们关注的问题。

颠覆性创新的柳暗花明

颠覆性创新的产品最初落后于现有产品，它们之所以能够吸引研发资本，是因为它们提供了一种新的可能性。与此同时，现有产品的企业也为持续性创新注入资金，以期提升自身业绩。结果是，一段时间之后，现有技术和颠覆性技术均会得以改进。现有市场客户的需求和对产品性能的期待也会随之增加，虽然通常比产品改进的速度要慢。

  进行颠覆性创新的企业想要取代现有供应商，只需超出现有市场客户的需求即可。颠覆性产品不需要胜过既有产品，甚至不用做到水平相当。一旦这种颠覆对现有市场的客户足够有吸引力，需求就会迅速发生变化，市场就会将挑战者树立为新的标杆。与此同时，市场范式将发生转变，将颠覆性产品所固有的新性能纳入其中。

  在20世纪50年代的高保真音响市场上，电子管收音机代表着最高的音响质量标准。晶体管收音机作为颠覆性的挑战者出现时，它所提供的保真度要低得多。但是，晶体管收音机的优点是携带方便、价格便宜。为了和电子管收音机制造商竞争，晶体管收音机制造商必须首先打入一个保真度不是那么重要的细分市场——它们发现，青少年群体是很好的切入点。这群人买不起传统的电子管收音机，为了听摇滚乐，他们不得不离开父母的房子。这时，晶体管收音机为他们提供了一个很好的解决方案，青少年们可以和朋友一起来到饮品店、海滩、商场或公园，尽情享受他们钟情的音乐。晶体管收音机的声音质量尚可接受，反正室外的环境本来也不是听音乐的理想之地。晶体管收音机制造商将从青少年细分市场赚取的收入进一步投入技术研发，不断提高收音机的音质。最终，晶体管收音机的声音得到足够的改善，而电子管收音机几乎在市场中销声匿迹。可携带成为新的市场范式，这一趋势一直延续到今天。20世纪80年代，大功率手提式收录音机横霸市场；到了90年代，MP3播放器的诞生又将可携带音响设备带向数字化方向。当今最时兴的是支持蓝牙的家用无线音响设备，它不需要连接有线的扬声器，就能在家里的任何一个房间播放高保真音乐。

"低端"颠覆最为常见

颠覆性创新需要持续投资，以提高其产品性能，进而挑战现有企业的市场领导者地位。为了获取资金，进行颠覆性创新的挑战者必须找到现有企业不愿意或者没办法服务的客户。这就导致了两种不同的颠覆模式：低端颠覆和高端颠覆。

当市场挑战者使用相应的技术，以更为低廉的价格提供相对劣质的产品或服务时，即为低端颠覆。在这种情况下，仍处于成长期的现有企业可能会放弃低利润客户，转而投资较高利润客户的产品，这些客户愿意为更好的产品性能支付更高的价格。例如，柯达公司在1975年就发明了数码摄影，但公司管理层决定不开发这个市场，因为他们认为此举会蚕食相机胶卷的收入。

在1996年的鼎盛时期，伊士曼·柯达雇用了14万名员工，在美国最具价值品牌排名中位列第四（仅次于迪士尼、可口可乐和麦当劳），与价格更便宜的富士胶片相比，柯达占有90%的市场份额。但到了2001年，伴随市场转向数码摄影，胶卷销量骤降。2012年，柯达申请破产。讽刺的是，柯达创始人乔治·伊士曼曾经两次避免了类似的失误：第一次是他放弃了盈利的干版业务，转而生产胶片；第二次是他投资彩色胶卷，尽管当时它明显不如黑白胶卷。但在数码摄影的转型上，他还是马失前蹄。

"高端"颠覆最为惊艳

市场挑战者以前所未有的高性能提供卓越的产品或服务，即为高端颠覆。苹果公司的iPod、iPhone和iTunes等生态系统就包含了一系列的高端颠覆。

在 iPod 和 iTunes 出现之前，音乐是通过 CD 唱片购买的。现在，唱片市场因为 iTunes 的出现遭到极大破坏，因为后者能提供大量可随时随地购买的音乐。苹果的数字版权管理和在线分销说服了唱片公司对音乐进行授权。与此同时，iPod 将音乐存储媒体捆绑到播放器上，进一步影响了 CD 的销量。事后看来，iPod 显然只是 iPhone 的敲门砖而已。

移动电话的发展催生出了数字键盘（如黑莓手机开发出完整的全键盘设备）。而苹果手机发明的 iPod 触摸屏，以前所未有的可用性打破了手机键盘的现有秩序。iPhone 从通信设备变成了娱乐平台，手机成为人们日常生活中地位独特的珍宝，一种新的手机市场范式也由此形成。

通过向外部开发者提供 iPhone 软件开发工具包和 iTunes 发行平台，苹果进一步扰乱了软件市场。这种开放的创新模式利用了整个外部劳动力，他们在开发 iPhone 应用程序的同时还得向苹果公司支付佣金。苹果从开发应用软件的投资中解放出来，却拥有了数千名无须支付工资、始终在自我管理的员工。

颠覆性创新需进军非消费领域

将颠覆性技术发展成市场领先的产品需要投资。因此，颠覆性的企业必须在其技术还不足以满足成熟市场的时候寻找到客户，这就迫使它们要在非消费领域展开竞争——因为不成熟的颠覆性技术不太可能成为成熟市场的一部分，颠覆性的挑战者需要找到一个先前被忽视的细分市场作为楔子。

例如，电动汽车最开始用于机场或有轨电车等公共交通领域，允许在车上安装持续为车辆提供动力的基础设施，解决了电池续航里程短的问题。晶体管收音机首先卖给那些不太关心音乐质量的青少年，其便携性意味着他们可以远离父母享受摇滚乐，其价格也比置于室内的电子管收音机便宜得多。在线股票交易吸引了越来越多的投资者，他们希望能够好好管理自己的投资，但缺少一个稳定的券商经纪人。在线股票交易的低成本为其进入市场提供了一条便捷的途径。互联网提供了海量的信息，投资者在挑选潜力股时，券商的建议不再那么重要。赛扬公司生产出一系列非常便宜的电脑，满足了一个新的细分市场，人们能够以非常低的成本上网。iPod 的触屏一开始并不能胜任作为 iPhone 完整界面的使命，但是完全可作为音乐播放器使用。

避免被颠覆

为避免陷入被颠覆掉的困境，唯一确定的方法就是先发制人。要实现这一点，需采取战略上违反直觉的做法，即投资于一项可能蚕食现有收入流的颠覆性技术。该做法的挑战性在于，很难在现有的组织结构中进行。通常情况下，企业难以开展与自身的颠覆性竞争，因此解决方案就是设置一个独立的管理机构进行颠覆。嘉信理财和英特尔就是两个先发制人式颠覆的成功例子。

20 世纪 90 年代，一些美国企业已经意识到，互联网有可能成为颠覆传统股票经济市场的平台。早期的数字市场领导者亿创证券（E Trade Securities）和德美利证券（TD Ameritrade）虽然规模小，但发展迅猛。传统股票经纪公司如嘉信理财（Charles Schwab）和美林证券（Merrill Lynch）都曾试图引入在线股票经纪业务，作为全服务经纪的替代品。预算经纪和全服务经纪的主要差别在于价格、完成度和建议。预算交易的成本在 5 到 20 美元，由一个不提供建议的自助网上门户完成。全服务经纪的成本约为交易股票总价值的 2.5%，由提供建议和推荐的经纪人亲自完成。美林证券最终未能建立自己的在线经纪服务，因为它内部的全服务经纪人认为自己的佣金受到威胁，进而出现了劳资关系问题。嘉信理财则在另一家公司设立了在线经纪业务，成功避免了重大劳资关系问题。今天，嘉信理财的股价是 4.95 美元，并保持着领先的市场份额。

持续性创新是短期选择

如果企业能够超越竞争对手的感知价值，它们就能通过持续性创新实现快速增长。这里可以再次使用 Kano 分析法，将功能和益处划分为三种不同的质量驱动，从而识别出价值提升的区域。这些分类的标准是产品性能与客户满意度之间的关系。

一是预期质量的驱动因素，它属于保健因素——这种情况下，满足客户的最低期望值至关重要，任何超出的表现都是一种浪费。在航空领域，安全指数、办理登机的速度、行李限额、可售座位库存等对旅客而言都属于保健因素。旅客期望航空公司提供基本的服务水平，如果服务不达标，他们会立刻感到不满，而更优质的服务在这里并不会起到太多推动作用。

二是已挖掘质量的驱动因素，这也是客户比较在意的因素，其价值取决于性能和价格二者之间的权衡。对于航空公司的旅客来说，飞机上的伸腿空间即属于一种已知质量的驱动因素。因为伸腿空间相当昂贵，航空公司以不同的定价提供不同类别的席位。

三是未挖掘质量的驱动因素，它属于激励因素，也有成为超出客户期待的高端颠覆的潜质。比如，荷兰皇家航空公司的"先相识，后为邻"（Meet and Seat）计划就是一个未挖掘质量的驱动因素。该计划允许乘客开放自己社交网络上的个人信息，从而筛选出在飞机上有兴趣和你坐在一起的陌生人。

Kano 模型有助于寻找持续性机会

20 世纪 80 年代，由东京理工大学教授狩野纪昭带领的一组研究人员开发出一个模型，将顾客满意度与产品或服务性能联系起来。完整的 Kano 模型将顾客偏好分为五类，然而，在实践中我们发现，只有三类指标对客户体验创新有用。

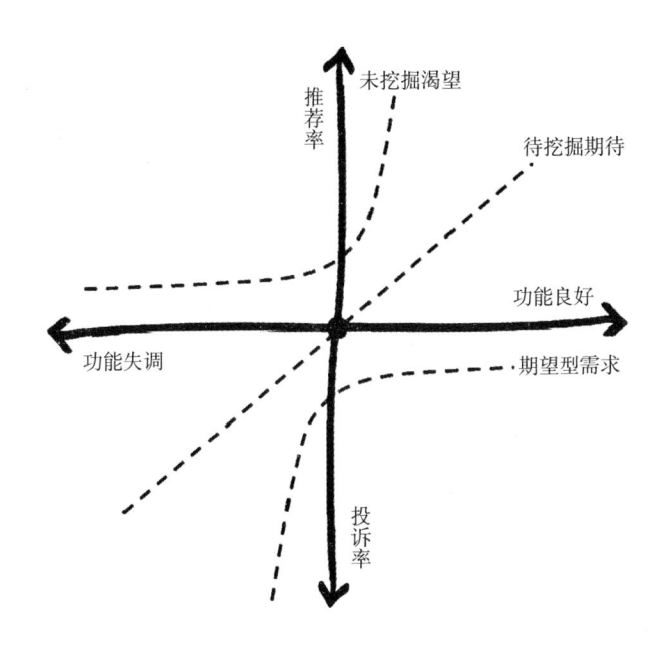

```
             推荐率 ↑    未挖掘渴望
                        
                          待挖掘期待
                        
                                  功能良好
      ←──────────────────────────→
  功能失调
                                  期望型需求
                        
                        
                      ↓ 投诉率
```

预期质量是客户认为理所当然的客户体验元素，也被称为保健因素。如果缺少这些因素，或者产品功能未达到最低标准，客户就会投诉。然而，当保健因素达到最佳程度时，客户的表现常常是矛盾的，因为没有必要在最低要求的标准上改进这些客户体验的元素。预期质量与客户的需求密切相关。

已挖掘质量是客户想要，但不一定愿意为此付费的客户体验元素。与保健因素类似，如果产品未达到已挖掘质量，客户可能会抱怨；不同的是，当已挖掘质量得以提升时，客户的满意度和潜在推荐度也会增加。已挖掘质量和客户的期待息息相关。

未挖掘质量是客户想要的，但他们自己很难提出来客户体验元素。因为客户还未意识到这些元素，所以当缺少这些元素时他们也不以为然。不过，未挖掘质量可以成为客户推荐度的强大驱动力，因为它们既能引起客户的重视，又能给人意想不到的惊喜，这两者的组合让它们显得与众不同，也会让客户心甘情愿主动分享。未挖掘质量与客户的渴望是一致的。

Kano 模型中五个不同的绩效指标指向五种不同的客户体验创新机会，如下所示。其中，前四项与持续性创新有关，最后一项与颠覆性创新有关。

1. 达到最低需求。
2. 减少过度服务。
3. 满足廉价期待。
4. 标价昂贵期待。
5. 满足新型渴望。

前两个机会与客户期待有关。如果你的客户体验没有达到最低要求，那么你应该将保健因素提高到要求的标准。然而，将任何一个保健因素提升至最低标准以上都是没有价值的，这就来到了第二步——减少过度服务。当某个保健因素达到最低标准以上时，它可能会消耗比原本所需更多的资源。在此情况下，应该考虑降低服务水平，将节省下来的资源重新投资于更有价值的事情当中。

T - 麦当劳的客户期待管理

麦当劳取得的巨大成功中，有一项做法尤为人称道，那就是通过强大的系统化管理办法，让一群较低技能的青少年也能提供持续快速的递送食物的服务。现在，开车经过麦当劳的顾客只要点了餐，几乎都可以享受到即时服务。正因为顾客有这样的期待，所以哪怕只让他们多等几秒钟，顾客都会产生不耐烦的心理，这家公司就很有可能面临自食其果的境地。

现代快餐连锁店面临的一大挑战，就是在一个消费者期望快餐更健康、更个性化的时代，如何找准自己的位置。历史上，麦当劳一直在与饿杰克（Hungry Jacks，澳大利亚快餐连锁店）、汉堡王和肯德基竞争，后来它还要与赛百味这样的第二代对手竞争。新的竞争对手还包括古兹曼和戈麦斯餐厅（译者注：Guzman y Gomez，澳大利亚一家墨西哥风味的连锁餐厅）、烧烤吧（译者注：Grill'd，澳大利亚著名的汉堡连锁店）和回转寿司（译者注：Sushi Train，澳大利亚一家提供寿司的连锁店），它们抓住了更健康、更个性化的快餐业发展趋势，纷纷向高端市场进军。作为回应，麦当劳在菜单中增加了更多更健康的选项，同时支持顾客自选汉堡配料。这些变化增加了生产流程的复杂程度，以及粮食浪费的可能性。对麦当劳来说，做出改变是要付出代价的，不仅是金钱成本，更是时间成本。顾客既希望有丰富可定制的菜单，又希望能立即拿到食物，想要满足他们的期待不只是困难，简直是不可能。看上去，麦当劳的速度正在受到影响。

有一次我开车带着我的两个儿子经过麦当劳，我们谁也没想专门定制什么东西，而是点了一些非常标准的麦当劳食品：一份巨无霸、一份麦乐鸡、两个芝士汉堡、一杯可乐。但当听说麦当劳的招牌产品巨无霸需要等上几分钟时，当时我的第一反应是简直不可忍受。我尽量控制自己不用（相当不理智的）讽刺的口气反问道："什么，我吓到你了吗？"因为这么多年我在麦当劳接受的服务速度如此之快，我的期待值已经居高不下。

如果麦当劳在过去几十年里没有在速度上取得如此傲人的成绩，那么这一短暂的延迟也会被认为是可接受的。可正是因为我的期待被挫伤，因此才导致了我的失望情绪。对于一家主打速度和标准而非味道的餐厅来说，这一招可能是一个严重的战略失误。

从工业革命以来，企业就意识到自动化在降低劳动力成本方面的重要作用。在 21 世纪，走在前列的企业纷纷利用自动化来提高客户体验，同时削减劳动力成本。

M＋I S＋QuickBooks、MYOB 和 Xero 等自动化会计软件

很多小微企业做得大错特错的事情之一，就是为了解决财务问题找来一堆商业书籍。QuickBooks 瞅准了这一商机，通过创建易于使用的会计软件，帮助小微企业减少聘请记账员的成本。MYOB 开发了一个更全面的"一揽子"计划，旨在帮助小微企业完全摆脱雇佣全职会计记账的需要。接着，Xero 又向前迈进了一步。

Xero 提供云会计软件，这意味着一个资质合格的外部会计可以登录某一中小型企业的账户，利用业余时间处理大量财务控制和管理会计等工作。外部会计还可以编制企业的财务报表和纳税申报表，还省去了收集日记账分录和纠正簿记分类错误的重重困难。相反，只要保证数据按需提供，外部会计就能确保诸如折旧表这样复杂且容易出错的报表正确无误。可以说，Xero 为中小企业提供了一条"按需"解决财会问题的捷径，同时减少了它们的日常开支。

上面这个创新案例与客户需求相关，如果客户想要某件东西，而企业能以很低的价钱提供给客户，那么它应该投入更多精力，改善其客户体验。而且如果已挖掘质量的相关元素价格昂贵，企业应该根据质量的不同进行差异化定价。企业定价的方式是反映其是否以客户为中心的关键。真正以客户为中心的企业在与客户交互的过

程中将充分激发客户成为推荐者,这一思想贯穿于试验、定价、担保、反馈等诸环节。未能以客户为中心的企业则实施一系列掠夺性的商业模型,旨在从客户那里榨取最大的利润,这无疑很难产生好口碑。掠夺性定价行为最严重的行业之一即消费电子行业。

M - 消费电子产品

我从十几岁开始就是一个狂热的电子产品消费者。也是从一开始就知道,这个行业从不以客户为中心来定价。那时候,还是高中生的我要求很简单,只想要一个可编程计算器,结果发现,可编程卡西欧仅比基础版卡西欧多了一个按键,但价格却比后者贵50%左右。没过多久,我们中间一个动手能力极强的同学发现,如果你在基础版模型上编程按钮所在的位置钻一个小洞,就能接触到下面的基板,而程序按钮的原始开关就在那里。一旦能控制原始开关,基础版计算器和更高级的版本别无二致。由此可见,生产这两款机型时,卡西欧使用了相同的软件和相同的基板,区别只在生产不可编程版时简单覆盖了编程按钮开关而已。

后来我了解了无晶电路板的工作和生产原理,意识到存储芯片不论容量大小,制作成本几乎相同。但是在卖USB、硬盘、相机和电脑的零售商那里,带有额外内存的通常比基本款贵得多。我猜想许多机械制造的电子元件都受同样的生产经济学影响,和像素更高的电子显示屏、对比度更好的投影仪、声音更大的扩音器、耐用性更强的灯泡一样,只因为比基本款稍好一点点就可以实现溢价功能,尽管它们是在同一家工厂,按照相同的流程,使用大体相同的材料生产出来的。你会发现,虽然投入的成本很低,但这些产品的零售价格是基于功能而定的。

这就是为什么新的电子产品一开始很贵,但很快就会降价的原因。

当某家电子屏制造商改进了生产流程和质量，就会催生更好的电子屏标准，其他竞争对手往往会效仿这一标准。但这时，它们所实施的创新风险较小，因为它们已经知道可以提高质量，还可以参考竞争对手的新设计提升自己的流程和产品。一旦供方实现了质量平价，零售价格就会迅速下降，因为参与者们都想从最初为了提高质量而进行的研发投资中获取市场份额。而且，这种定价模式是可预测的，许多想升级电子设备的消费者都知道价格一定会下降，他们只需等待几个月即可。

设计矩阵有助于产品革新

我们为"超级用户"准备的一大创新方法就是设计矩阵启发法，改编自兹维基于1935年首创的形态分析法。该工具创造出一个数字化的设计空间，可容纳成千上万种潜在的创新。建立一个设计矩阵，要从三个常见或目前存在的产品或服务解决方案开始。最理想的情况是，这些案例能够囊括最大变量便利样本——这是奇奇怪怪的咨询师说话的方式，简言之，它们应该彼此不同，并能很好地反映市场已有产品的情况。如果需要，随后你可以添加更多的案例，但是三个常见方案在起步阶段已经完全足够用了。

接下来是找出所有案例所共有但各不相同的特征、维度或参数等。举个例子，如果你正在考虑如何设计一件新T恤，你会意识到T恤都是由某种材料制成的（共性），但是不同T恤的材料不尽相同，有棉的、尼龙的、亚麻的、牛仔布的，或者其他材料（差异）。你还会意识到T恤都有袖子，但是从无袖到经典的短袖再到长袖，也存在区别。一旦你掌握了识别这种模式的技巧，事情就变得简单了——T恤有不同的颜色、不同的尺寸、不同的装饰，每一项都可能成为设计矩阵的列标题，它们就是你解决方案的维度、特征、参数、基因。

一般情况下，设计矩阵的列标题不少于 4 个、不超过 8 个。例如对于 T 恤，我们可以选择材料、袖子长度、颜色、装饰这 4 个作为列标题。建立一个设计矩阵，你只需在每列标题下面列尽可能多的选项即可。要从矩阵中获取灵感，你需要从每一列组合的至少一个元素身上寻找潜在的解决方案。例如，牛仔布、无袖、红色、玫瑰装饰的 T 恤，如果在背部增加类似纹身的图案，或许很适合做女性摩托车手的背心。丝质、长袖、黑色、没有任何装饰的 T 恤，更适合在寒冷的天气贴身穿，外面加一件保暖厚外套。只需改变一个元素，比如颜色变成双色闪光的丝绸，就变成了风格完全不同的 T 恤，这时它只适合在泰国度假的游客！

S+E+设计新型公共交通

公共交通对于减少道路拥堵、改善城市生活、提升工作体验至关重要，尤其对通勤族而言。对于大多数城市的上班族来说，取代公共交通的另一种选择是系上安全带，每天两次与恶劣的交通状况斗争一个小时或者更久的时间。在体验了中国香港、伦敦、巴黎和维也纳的地铁之后，我发现我的家乡布里斯班的地铁服务还有很大的提升空间。在地铁系统完善的城市里，你可以步行五分钟以内到达一个地铁站，去往这个城市你想去的任何地方。在布里斯班，如果你步行不到五分钟就能找到一个地铁站，那你一定会惊掉下巴，因为布里斯班根本没有地铁！不过，我们有传统的重载铁路服务。因为铁路和地铁所能实现的经济效益不同，布里斯班铁路最快能达到每半小时一班，即使这样，运营成本也很高，有时火车得等一小时才来一次。

为解决这一问题，布里斯班转向另一种形式的公共交通——公交车。为了鼓励人们乘坐公交车，市政专门开辟了"公交专用道"。这些道路仅供公交车通行，有助于避开城市一些严重的交通拥堵地带，尤其是在高峰时段。乘坐过公交车和地铁的人都有体会，公交车的空间和舒适度的体验极差。更糟糕的是，布里斯班的公交车并不只走公交专用道，所以在高峰时段经常看到一辆公交车停下来让乘客上下车，这给滞留在该车道后面的私家车造成了更严重的拥堵。我曾与某些工程设计公司合作，协助解决布里斯班某些公交专用道的建设问题，然后失望地发现设计的死结之一：公交专用道的梯度不能超过5度，因为这会影响未来轻轨的建设。我问那为什么不现在就建轻轨时，答案是太贵了。可见，布里斯班的交通规划者从一开始就只考虑了两种公共交通方案，而放弃了从客户体验角度选择最佳成本的方案。这促使我考虑建一个公共交通的设计矩阵，如下图所示：

地点	载客量	平均速度	动能	时刻表	路线
公路	无	5 千米/时	无	无	用户开始
铁路	1	10 千米/时	汽油	随时	用户叫停
人行道	2	25 千米/时	电力	定时	提前定制
河流	5	60 千米/时	柴油	持续	
地下	20	100 千米/时			
空中	50+	200+ 千米/时			

该设计矩阵考虑到了公交车、地铁、自行车和轮渡，因为布里斯班除了公交车道之外，还有自行车专用道（类似于公交专用道，但只适用于自行车）和来回运营布里斯班河的轮渡。定好列标题之后，显然还缺少一些选项，于是在"地点"列下面增加了"空中"的选项，在"载客量"列下面增加了"无"的选项，"时刻表"和"路线"两列关系到使用公共交通的核心问题。

布里斯班的交通存在这样的情况，虽然有公交车，许多人还是选择开车上下班。因为他们不想受制于公共交通工具的时刻表和路线，想什么时候出发就什么时候出发，想走哪条路线就走哪条路线，想停多少站就停多少站。出租车或拼车服务也不错，但必须等到车来之后才能开始你的旅程。公交车是最不方便的，因为你必须适应它的时刻表和路线。即使有公交车在你满意的路线上足够频繁地往来，但因为它不断停站让其他乘客上下车，还是比自己开车花费的时间长。火车或许是最糟糕的选项，因为它逢站必停，即使没有人上下车也一样（公交车司机至少还会观察下一站的情况，或者等待乘客的招呼）。不过火车也有其独特优势，它们比公交车跑得更快，在自己的系统里独立运行，避开公路交通，当火车轨道和公路交叉时，它们会自动获得优先通行权。考虑到这些你就会发现，公共交通常常意味着乘客需要做出妥协，而很多人并不愿意这么做。最好的解决方案就是打造一个覆盖路线多、提供频繁快速服务的交通网，这就是地铁如此成功的原因。地铁能像火车一样快速舒适，覆盖范围和频率与公交车不相上下。不过，从上面的矩阵中可以发现更多有趣的选项，例如下面四个：

铁路+2+25千米/时+电力+随时+用户叫停：这些元素将组合成超轻轨。试想只能载两个人的窄轨电动轨道车舱，这些轨道可以安装在人行道上，在短支线上设许多微型车站。你可以在其中一个迷你车站坐上一辆等候的有轨电车，刷一下卡，车舱就会沿着线路启动，直到你指示它换轨或者在下一个车站停下。除了切换轨道，你不能控制速度或转向，在同一轨道上行驶的车舱会连接起来形成临时列车。和目前最好的地铁相比，这样的系统潜在效能更高、价格更低。

人行道+50++10千米/时+电力+持续+提前定制：这些元素的组合就是中国香港著名的连接中环和市中心的自动扶梯。每天有成千上万名通勤族乘坐自动扶梯上班。这种方式十分健康，因为它鼓励人们多步行走路，而且因为没有车辆，也在一定程度上减少了拥堵。

空中+50++60千米/时+柴油+定时+用户叫停：这是我最喜欢的组合，有一点出格的飞艇服务。这就像乘坐飞行巴士（里面充的气体是安全的氦气或二氧化碳,而不是像可怜的兴登堡号那样充满爆炸性氢气)。飞艇可以在公园里,或者CBD高层建筑的顶部接送乘客,不需要斥巨资建设公交车道或火车线路,不需要申请道路通行权,还能减少道路交通堵塞。而且,飞艇往来的景色也会令人惊叹,有潜力发展这座城市的旅游市场。

最后,考虑一种载客量为零的公共交通形式,你可能会联想到新西兰惠灵顿在整座城市安装免费无线网络的计划。一个足够快的网络可以让许多知识型员工(如会计师、律师、银行家、保险公司员工和咨询师)在家办公,一周工作日中至少有一两天可以通过网络通勤,这将大大减少交通拥堵。

这些想法是否有价值或是否可行并不是最关键的。事实上,上面的设计矩阵中至少有10368种($6 \times 6 \times 6 \times 4 \times 4 \times 3$)可能的组合,或许能够启发关于公共交通的新观念。遗憾的是,我很确定布里斯班市政府如同其他许多城市一样在规划公共交通时,在公交车和轻轨之外没有太多的进展,因为他们未能从以客户为中心的角度出发。

约束理论让你的成本减半

另一种强大的创新方法是艾利·高德拉特于20世纪80年代提出的约束理论(TOC)。约束理论旨在实现目标过程中的最大生产力。在一条业务链中,不同的活动或步骤势必会按照顺序发生,决定整个阶段生产能力的是其中一个关键性步骤,即"瓶颈"。基本约束理论首先从识别"瓶颈"和确定其生产能力开始。尽可能提高"瓶颈"利用率,然后确保过程中其他步骤可控,以保证"瓶颈"始终以最大限度运行。这就好比水管中有一个扭结,无论你怎么增加水管的容量,怎么拧供水的龙头或水管末端的喷嘴,都没有意义。首先你要处理扭结,然后约束或曰"瓶颈"才能转移到系统的其他部分。

　　一个简单的例子就是在露天煤矿清除覆盖层、开采矿石的过程。二者都由挖掘机挖到卡车上运走，尔后覆盖层进了垃圾场，而矿石则被回收。卡车和挖掘机有大有小，但通常情况下，挖掘机装满一辆卡车的时间需要 5~6 分钟，卡车开到垃圾场或矿石回收场需要 20 分钟，返程还需要差不多长的时间。对于每辆挖掘机来说，都有一个保证其最高工作效率的最优卡车数量：卡车太少，挖掘机生产率低，未能实现充分利用；卡车太多，就会出现停止排队的情况，等待挖掘机将前面的卡车装满。最佳的情况是，前一辆卡车刚刚装满，下一辆卡车恰好到达。在这个业务链里，很明显的"瓶颈"是挖掘机，或者是卡车流。另一个不太明显的"瓶颈"是，满载的卡车离开挖掘机、从矿坑里出来的速度比空卡车下坡的速度慢。如果卡车和挖掘机因为例行工作或故障而导致停机时，情况更为复杂。因此，矿区规划人员花费大量时间计算如何在改变矿区环境的情况下实现设备使用率最大化，因为随着矿区的发展，挖掘机、垃圾场、回收矿石区的位置都可以移动，运输所需时间也会随之变化。通过巧妙使用约束理论，可以重新设计流程（尤其是涉及人员参与的流程），使其更加高效。节省下来的钱可用于再投资，从而显著改善客户体验。

　　运用约束理论识别"瓶颈"非常简单。首先，确定流程步骤，计算每个步骤的生产能力。其中，生产能力最低的就是"瓶颈"。然后，争取其他各种资源改善"瓶颈"，使其尽可能发挥作用。接下来，进一步提高"瓶颈"的生产能力，通常需要进行某些创新或投资。我们遇到的大多数客户都愿意投资更稀缺的产能，然而我们更建议通过创新改善"瓶颈"。一旦过程被重新设计，测试所做的变动是否可行至关重要。如果新设计的过程失败了，那么问题就又回到原点；反之，如果新设计的过程成功，那么"瓶颈"常常会转移到其他步骤。这时，你就可以重复这个过程，优化新的约束条件。这一优化工作可以持续运用于业务流程当中,直到约束转移到市场上为止。那时,你要做的就变成寻找新的细分市场、创造新型产品或者开发新市场了。

T+高效报税或许并非你想象的那么难

我们有一个客户是一家位于城市郊区的特许会计师事务所,专为各种商业客户提供税务会计服务。后来该公司陷入了困境,因为它完成客户业务需要花上很长的时间,进而造成的工作积压令不少客户怨声载道。生产能力低下影响到该公司的盈利,因为管理费用的预算是根据预期生产力制定的。一段时间内完成的工作越少,收入就越少,但这段时间内的成本支出基本是一致的。我们使用约束理论来梳理其过程,并识别"瓶颈"。

通过调查我们发现,那些没有接受过人力资源培训的注册会计师在工作中问题百出。按照公司惯例,为客户报税的工作可能交给一名高级会计师,也可能交给一名初级会计师。当初级会计师接到工作后,他们总会遇到这样那样的复杂问题,致使他们工作进度变慢,并带来严重的成本超支。而且初级会计师遇到障碍时不敢去请教他们的前辈,因为他们害怕暴露自己的无知而显得低人一等。而且因为报税的基本工作极其繁重,高级会计师并没有比初级会计师速度快很多,所以他们很难在工作中获得成就感。要知道,高级会计师的教育成本比初级会计师高很多,因此这又导致人力成本超支。这种工作分配制度单对公司的合伙人来说是合理的,因为他只对工作的成本和结果负责。鉴于他最关注的是建立和维护客户关系,每一位客户的税务工作由特定业务员来完成对他来说就是最方便的。因为一个业务员服务一个客户,会让他的管理变得更简单。但问题就在于,系统出毛病了。

我们提出一个新方案,将所有的客户工作交给高级会计师,由他们将繁重的工作分给初级会计师，同时保留每一份工作中最复杂的部分。在实践中，如果将一项工作分为 10 份，其中有 8 份（在该公司中被称为"工作底稿"）可以由初级会计师完成，另外 2 份则需要高级会计师来完成。通过将每个客户的工作分为简单和困难两部分，可以让初级会计师和高级会计师都能高效地完成他们真正得心应手的任务。将成本控制的责任转移给高级会计师，也能为合伙人腾出更多的时间与客户相处。理论上，采用新设计的工作流程后，该公司的月生产能力可提高到原来的三倍，盈利能力大幅增加，并将"瓶颈"转移到合伙人能否找到更多客户上面。然而实施后的效果并没有那么理想，该公司每月只多完成了 50% 的工作，却带来盈利的极大提升，还附加一个好处，即公司里的每个人都能在压力更小的环境下更满意地工作。更高兴的是客户，所有人都按时完成了工作，有些甚至可以提前交付，同时，合伙人再也不需要支支吾吾地通知客户，他们需要支付比刚开始更高的价钱了。

作为一种解决问题的方法，约束理论既复杂且专业。利用这一理论，有一个意想不到的群体也会受益，那就是修路工人。我们很多人在遇到因道路施工而导致的交通堵塞时，都会感到些许不快。如果这项道路工程需要好几年才能完成，更令人抓狂，从墨尔本到它几个大机场之间的高速公路翻修时就遇到过这样的情况。最令人无法忍受的是，你开着车蜗速前行时，却看到旁边的修路工人们除了靠在铁锹上，似乎什么也没做。如果认真观察过这种情况，你也许会发现，他们站在那里，只是为了保证其他设备，如道路平整机或沥青撒布机发挥最大功率。可是不得不说，该项目的承建商在建设规划和管理方面做得真的很差。

约束理论的首要考虑因素不是如何提高效率，而是如何处理节余。很多公司通过使用约束理论获得的节余削减产品价格，在不牺牲利润的情况下获得更大的市场份额。这种方法也能给客户体验带来附带的好处，因为公司可以更快地从所完成的工作中获益。我们也经常鼓励客户，从运用约束理论离开，释放更多的资源，用于创新客户体验。下面关于 SCAMPER 理论的介绍中，将会涉及一些别的创新方法。

用 SCAMPER 法优化客户体验

SCAMPER 是一种激发人们思维创造力的方法，最早由艾利克斯·奥斯本于 1953 年提出，后来由鲍勃·艾伯尔在 1971 年发展成 SCAMPER 法。SCAMPER 中每一个字母都代表一种创造性解决问题的方法，这些方法是间接的、可推广的，有助于引导人们进行横向思维——你在每一个问题上几乎都可以使用它们，但它们并不是每次都能给出直接、固定的答案。当我们在客户体验中使用 SCAMPER 法时，考虑到要素与结果的特殊性，我对字母的原本含义进行了细微的调整，如下文所示。要素就是用来创造结果的。

- S 替代：包括要素和结果的替代等。
- C 联合：将两个要素或两个结果合并。
- A 改造：以某种方式建立不对称性或特殊性。
- M 增多：放大、增加或组建要素或结果。
- P 定点：将要素用于不同的目的或以某种方式重新指向结果。
- E 去除：全部或部分清除某一要素或结果。
- R 重置：改变系统中的顺序、因果关系或层次结构。

E + 当努沙海鲜市场遇见 SCAMPER 法

几年前，我们投资了澳大利亚最成功的海鲜零售店之一——努沙海鲜市场。该市场位于昆士兰美丽的阳光海岸，销售澳大利亚野生海鲜和手工制作的增值冷冻海鲜产品。该公司的创始人打造了一种别具风格的市场环境，在扩大规模时发现，开第二家分店花费昂贵、困难重重。我们的做法是，帮助他们新开辟另一种商业模式，从而实现了扩大业务的目的。

当时的想法是，将冷冻系列产品与冷冻柜一起提供给卖肉的商贩和熟食店。此举的出发点在于，这些零售商的主顾来到这里消费，是为了获得比当地超市更高质量的食品。同时我们还做了一项研究，发现很多顾客在晚餐问题上呈现出某种较为固定的消费模式——他们一周的大部分晚餐都要吃肉，一周出去吃一次，一周吃一次海鲜。我们的目标零售商与那些顾客关系良好，但他们由于缺少可以提供海鲜食材的渠道因此错过为顾客解决每周那顿海鲜的机会。于是，我们带着"黑手党提议"及时出现了。

在电影中，面对"黑手党提议"你是无法拒绝的，因为它是在枪口的威胁下提出的。但是在商界，类似的提议是用支票簿体现的。我们支付费用给每位零售商备上一个存货齐全的冷冻柜，然后每周给他们打一次电话，将他们卖出去的东西补上，并给他们开一张替换存货的发票。也就是说，他们除了拥有管理努沙冷冻柜的权利外，还不用承担任何风险，只需坐在那里收钱，最后再支付部分款项给我们即可。实际上，这种模式包含了 SCAMPER 的所有元素：

- S 我们的产品让顾客每周某个晚上用海鲜替代肉类。
- C 我们提议将冷冻展示柜和放在里面的产品结合在一起。
- A 我们不向超市供货，使市场不对称地向有利于目标客户的方向倾斜。
- M 每一个冷冻柜都变成一个迷你的努沙海鲜市场，因此大大增强了努沙的存在感。
- P 这促使我们的生产重点从鲜鱼切片转向冷冻海产品。
- E 我们减少了浪费，因为鱼切片后剩余的部分也得到使用。

● R 我们取消了预付款,提前免费交付一批产品。

事实证明,这一创新策略非常成功,目前努沙在澳大利亚开了 150 多个销售点,不久前还在中国香港开辟了第一家出口零售商店。

重置市场价值链改变 B2B 游戏

价值链的概念由波特首次于 1985 年提出,他认为企业作为连接供应者和消费者的增值阶段而存在。在价值链中,每个参与者既是上游供应商的客户,又是下游消费者的供应商。在每个阶段,企业从上游购买投入,附加价值后再以一定的利润卖给下游的参与者。整个链条的作用是将原材料逐步转化为最终产品到达消费者(不再继续往下销售)手中的过程。价值链的每一阶段由一个公司完成,当然也有公司占据多个阶段的情况。一个公司增加所占据阶段即被称为垂直整合。垂直整合分为两种形式:一种是前向垂直整合,即公司获得客户并与客户相竞争,甚至成为自己的客户;另一种是后向垂直整合,即收购、与供应商竞争,或成为自己的供应商。

在汽车市场,简单的价值链是从向基础零部件制造商销售原材料的供应商开始的。专业生产汽车零部件的被称为原始设备制造商。接下来,汽车制造商组装汽车,向经销商供货,经销商再向消费者销售,并提供维修服务。相比之下,个人电子设备行业(手机、平板、电脑等)的价值链略有不同,因为它们需要的软件不同。

在个人电子设备行业,原材料供应商既销售给集成电路制造商,也销售给基础元器件制造商。软件编码器可以向所生产的芯片或基本组件添加低级控制软件,通常不需要自己购买任何组件。这些编码器根据代码支持的目标组件创建各种称为固件、驱动程序或 BIOS 的软件。然后,这些组件可以集成到模块化的高级组件中,如触摸屏、内存芯片、主板、磁盘驱动器和无线控制器,模块化组件再被组装成手机、平板和电脑。但如果没有操作系统，这些设备根本无法工作。苹果创建了 iOS 操作系统，支持跨产品使用。微软通过 Windows 操作系统主宰电脑市场，也可用于手机和平板。安卓是一款由谷歌发布的开放性操作系统，基本上免费。即使有上述这些操作系统，大多数设备运行起来还需要额外的软件。例如手机自带一系列应用软件，可以实现打电话、发短信等基本功能，也可以实现播放音乐、拍照等扩展功能。同样，平板电脑也预先安装了一些基本的功能应用程序。尽管如此，大多数手机和平板用户还会添加游戏等其他的应用程序，以丰富自己设备的功能。计算机用户也会为了扩展功能，安装像 MS Office、Adobe Acrobat Reader 和 Kindle 这样的软件包。

E – 操作系统的部落文化

对很多人来说，将 21 世纪和 20 世纪区分开来的重要文化因子是手机和其他电子设备，而非汽车。有些人拥有好几台电子设备，对苹果、微软或安卓都有浓厚的感情。神奇的是，这种感情呈现出一定的部落特征。以我本人为例，我更认同微软，可能是因为在我成长的时代，电脑从房间大小的庞然大物变成每个人在工作和家里的桌子上都有的东西，并日益变得私人化。在这个转变的过程中，我们很多人面临的一大难题就是了解它是如何工作的。如果将微软比作一辆汽车，那它就是一辆需要你自己服务和维修的汽车。它有一个变速箱，还有些情绪化，就像曾经的阿尔法罗密欧汽车。如果你不想掀开引擎盖看看下面究竟是什么，那么你也许真的不应该开车。当然，引擎盖下所有的东西都混乱而复杂，但如果你了解它的工作原理，你就能更好地掌控它。

今天，微软部落的忠实成员坚信，工作需要一台运行 Windows 系统的个人电脑——我们都认为自己是一个正常的部落。但还有另一个部落，他们对计算机的使用走得更远，要么使用 Linux 系统，要么同时运行多个操作系统，这导致他们被社会上大多数人所排斥。他们被认为是书呆子部落。剩下的是苹果用户的部落（或者可能只是技术恐惧症患者）。

　　微软部落的有些人认为，最开始的苹果用户是一批不太懂技术的人，他们称这些人为"菜鸟"，并开发了一系列书籍，认为不懂技术的人可以通过阅读一本书学习如何掌握技术。苹果公司却认为，"菜鸟手册"作用不大，它给出的对策是开发一系列简单易用的设备，而且足够漂亮到你愿意在咖啡厅里拿出来炫耀。苹果的营销策略让这些"菜鸟"相信自己是迷人而精致的。因此，苹果用户私底下觉得自己比微软用户更特别，这让后者深为不满。苹果用户坚信真正的工作是在个人电脑之外完成的，于是他们用手机购物，在咖啡厅中用平板电脑处理工作。苹果用户还乐于向别人证明，他们的部落里有一群人非常擅长技术，以此证明自己并非"菜鸟"。他们口中的这群人指的是创意人。实际上，每一个苹果用户都渴望成为一名创意人，这也是为什么现在所有的手机都安装内置摄像头的缘故。

　　创意人是苹果部落最热心的成员。他们是一个激进的联盟，多从事平面设计或相关工作。为了巩固自己电子科技爱好者的地位，创意人都做出了非凡的努力，和"菜鸟"一族团结在一起，形成了苹果的用户群体。遗憾的是，他们一旦加入就再也不能离开苹果部落。如果他们离开，苹果的数字版权管理部门至少将迫使他们放弃所有收藏的音乐。

　　如果拿某辆车类比，那么苹果就是一辆配有自动变速箱的保时捷，又快又性感，但做司机的不大会选择这一款。有了你的苹果保时捷，你不能跟你的朋友分享燃料，也不能从苹果公司之外的地方购买到燃料。除非燃料是由另一部苹果设备提供，否则苹果会强迫你自己掏钱购买。因此，一些苹果用户现在想要叛变，但他们不是投奔微软的部落，而是谷歌。

　　谷歌凭借其"不作恶"的品牌，向手机和平板电脑推出了安卓系统，与苹果构成直接竞争。1983 年，微软在美国"超级碗"上推出了第一条广告，被苹果公司斥为"恶魔"，但自从史蒂夫·乔布斯去世之后，苹果似乎正在变成它声称的那个"恶魔"，这反而帮助安卓获得更多的受众。随着谷歌服务范围的扩大，客户体验越来越好，现在我的很多朋友，不管以前是苹果用户还是微软用户，为了享受更加智能化的生活，纷纷向谷歌让渡出自己的隐私。

价值链定位是 B2B 企业市场运营的关键战略考虑，也有利于 B2C 企业有关"顾客体验"的内涵向 B2B 企业的"客户体验"拓展（译者注：本书整体使用的"客户体验"即此处的"顾客体验"，Customer eXperience。此处 B2B 企业的"客户体验"原文为 client experience）。在每一个价值链中，不同阶段存在迥然不同的竞争压力。例如在计算机价值链中，微软和英特尔面临的竞争非常有限，因此占据了大部分的行业利润。戴尔避开正面竞争，通过在线销售而不是开零售店的创新方式占据了价值链中的一环——以尽可能低的价格购买到特定规格的电脑，正是许多 B2B 客户和专业采购商所要寻求的客户体验。

很多时候，你可能发现自己被困在价值链的狭缝当中，这时你可以选择向前或向后扩展。前文中我们举过的 Suncorp 的例子中，他们的策略就是为分包维修商提供一个信息管理系统。通过参与到维修商业务的流程管理，Suncorp 在一定程度上实现了垂直整合。这是一个往上游或者说逆向垂直整合的例子，因为事故维修商是汽车保险公司的供应商，虽然维修是在出售保险之后进行的。

T + E + M + S + 自行开创下游的尝试者"调查猴"

为了避开竞争激烈的网站设计和托管市场，"调查猴"（译者注：SurveyMonkey，美国著名的在线调查系统服务网站）开发了一种增值的商业模式，通过一个简单易用但功能强大的网页版在线调查设计工具，供客户开展市场调查。过去，这些客户如果想进行一项调查，必须付钱给网站设计师，为目标调查编写专门的网页。而现在，他们可以免费使用"调查猴"引擎设计在线问卷，哪怕他们对编写 HTML 代码一无所知。通过垂直向前整合，"调查猴"帮助客户独立完成在线调查，而且效率更高、花费更便宜、控制更直接。

"调查猴"商业模式的成功有两方面原因。第一，他们没有将调查引擎设计成独立软件，而是采用了 SaaS 模式，要求客户为网站托管支付费用。这不仅为公司创造了持续的收入流，还与客户建立了额外的网站托管服务协议，甚至不乏已经与别的网站建立类似协议的客户。那些网站虽然捷足先登，但根本不在"调查猴"担心的范围之内，因为它们根本无法与后者 SaaS 商业模式的低成本相抗衡。第二，"调查猴"与那些由不同的网站为客户提供定价略有不同的服务。这种方法的优点在于，通过创建一系列服务提供者，"调查猴"给人带来一种其 SaaS 模式遍地开花的印象。客户会产生这样的感觉，即"调查猴"从事的不是一项不为大众熟知的全新业务，而是一个竞争已然十分激烈的成熟市场。这意味着客户在为"调查猴"的服务支付一定的费用时，也有一定的参考。同时，此举也告诉后来的新加入者，该利基市场已经十分拥挤，你们还是去别的地方碰运气吧。

网购正在蚕食零售价值链

有些业务在网络上无法开展。例如你不可能在网上理发，但你可以通过网站预约。你不会因为在网上看到几张照片和价格，就决定买某套房子或某辆车，但你可以列出一个供考察或试驾的清单。你不可能在网上健身挥汗如雨，但你肯定能通过上网找到离家或工作地点最近的健身房。面临蓬勃兴起的网络购物，个人快递服务、高参与度购物、基于某具体地点的活动等成为最具有弹性的领域。之于这些领域，服务发生的物理位置仍旧是客户体验的关键因素。但是，即使是某些与网络不相容的行业，也不可避免地受到在线营销和社交媒体的影响。一些从事信息或专业知识贸易（如咨询、顾问、设计、保险和金融服务）的行业正在进行改革，至少部分实现在线交易。但可以看到，被电子商务冲击最大的领域首当其冲还是零售业。

在线点击下单业务对传统实体零售构成了威胁，因为前者不需要零售的场地、仓库和员工成本，也意味着它们应该比实体店零售更加便宜。网站提供的产品范围更为广泛，因为供应商的选择不再受距离客户有多远的车程所限制。顾客在网上可以随意地比较产品和价格，而不用接受商店员工虎视眈眈的压力。他们还可以在网上快速了解其他消费者购买、快递和使用的情况。他们不需要离开家，不需要忍受交通堵塞，也不需要苦寻停车位，想什么时候购物就什么时候购物。然而，网购也给顾客带来某些困扰。

第一个问题就是在网上找东西变得更难。互联网提供如此之多的选择，找到合适价格的合适产品耗时耗力。第二个问题是买到合适的产品变得更难。选择合适的产品涉及产品质量、颜色、尺寸和兼容性，在线购物比起在商店里购物对顾客来说增加了一定的风险。第三个问题是物流。物流可能会增加成本，而且花费时间，不像实体店购物那样可以把购买的东西直接带回家，不需要支付额外费用。在等待网购商品配送的过程中，顾客处于不确定状态。他们已经为商品支付了费用，但不能立刻拥有它。商品什么时候到达、能否到达，完全取决于供应商和他们的物流公司。如果出现了问题，顾客不能直接回到购买的地方，而是必须通过电话、聊天工具或电子邮件联系客服。如果购买的商品始终没有送达，他们必须得向电商证明，并协商解决方案。对于一些跨国电商而言，这就变得更加困难。如果商品不合适，顾客还要面临退货、换货或退款的成本与麻烦。

许多以实体店起家的零售商面临的问题是，他们还没想好如何在不影响店内销售的情况下搭上在线购物的顺风车。很少有零售商愿意放弃自己的零售业务，而且大多数零售商还没有到交不起房租而遭受巨额罚款的地步。结果便是，他们陷入一个中间地带——在实体销售之外也开通在线服务，但一张苍白的在线购物优惠卡并未给他们的业务带来多少增长。多数情况下，试图在现有零售业务中增加网上购物的零售商只不过是在网上提供与实体店相同的产品，区别只是网上产品因为要收取运费变得更贵。它们未能解决客户在线购物遇到的搜索、选择、风险、物流、退货等问题，也不懂得如何笼络那些通过搜索别人的评论获得更多产品信息的客户。因此，它们正慢慢地被那些开展在线业务的零售商所吞噬。

T + E + R + 21世纪网购潮流中的 THE ICONIC

THE ICONIC（网址 www.theiconic.com.au）成立于2011年，是澳大利亚一家在线时装和运动服装零售商。目前，它拥有700多个品牌、5万多种商品，是澳大利亚最大的服装电商之一。该公司的商业模式吸收了网上购物的所有好处，基本消除客户的所有痛点。为了解决客户的搜索问题，该公司储备了众多国内外知名服装品牌，并且开创了自己的时尚杂志。为了给客户一个定期回归的理由，它每天都会新增200多件商品，大大方便了那些想要浏览最新时装，但又不想为此在网上花大力气搜索的客户。而这家公司最突出的还是它的物流服务。

在 THE ICONIC，收货和退货都是免费的，顾客买一件衣服可以订购不同的尺码，留下最合适的，然后把其他尺码的衣服退回即可。在悉尼市区（也是它的实体仓库所在地），每天的到货时间不超过3小时，其他地区则是次日送达。当然，这一切都是有代价的，就是网上销售产品的价格通常与时装店里的零售价格相同。

出版和新闻提供的都是信息产品，因此也成为受在线商务影响最大的两个行业。当出版商们正在试图通过提供电子书的方式在日益虚拟的数字世界生存下去的时候，最成功的新闻提供商已经不再将互联网仅作为一条替代性的分销渠道了。它们热烈拥抱交互的无限可能性，将其作为吸引客户、降低新闻成本的途径之一。

历史上，时事新闻争夺的焦点就是谁先获得"独家新闻"——发现并证实某个出人意料、耸人听闻、极具争议性的社会热门事件或技术突破，进而吸引读者的眼球。报纸建立在它们第一时间报道新闻的能力基础上，并逐渐发展为电视新闻简报和关于调查性新闻的时事节目。然而，随着在线报道的增多，真正找到独家新闻的可能性逐步降低，基于事实的调查和报道随之减少。20世纪80年代，伴随着广告、娱乐和新闻的融合与彼此间边界的模糊，轰动性取代了准确性，成为当下消费者满意度的关键驱动力。

人们开始从更广泛的来源和渠道，以更零碎的方式消费时事。作为回应，为了不顾一切地留住越来越易于陷入厌倦和无聊的观众，记者们开始用饱含感情的笔调和对事实内容的轻描淡写进行故事报道。已经不满足于公正地报道新闻的记者们陷入了争论，开始呈现出一种平庸、充满挑逗性的气象：在泡沫中最吸引人眼球的是他们采取的愤怒立场。记者在他们的网站上发布名人、广告商和其他节目的新闻宣传稿和各种噱头，仿佛它们就是新闻一样。他们在演播室里现场连线当地记者，暗示当地记者就是新闻报道中至关重要的专家，而不是相关领域的专业研究者。这种道德失落几乎达到顶峰，一个例子是澳大利亚一家由政府赞助的报道有关同性婚姻新闻的媒体。

E + 绕开事实，吸引互动——ABC 新闻之道

近期，和世界其他许多地方一样，澳大利亚公众也关注并投入是否

将同性婚姻合法化的辩论当中。目前的保守党政府处境十分艰难，因为他们的右翼支持者反对同性婚姻，但这批人在更广泛的公众中只属于少数派。为了推迟、避免或者解决这一冲突，联邦政府举行了一场关于同性婚姻问题的公民自愿投票。本质上，这是一场旨在了解全体澳大利亚人在此问题上的偏好而举行的官方调查。这一做法打破了澳大利亚的传统惯例——要知道，政府完全可以向议会提交新立法或召开全民公投，这两种办法都要求选民强制性遵守。因为公民投票对政府没有约束力，除非公众舆论迫使它采取行动。投票的过程也是自愿的，这表明政府此举的目的只是想根据有限的投票人数得出一个预测的结果。

总体来说，这是一个有趣、引人关注、具有潜在轰动效应的新闻，注定会吸引或惹怒大批的时事新闻消费者。可是澳大利亚广播公司（Australia's national news broadcaster，简称ABC）在全民投票的前期，却竭力避免直接公布投票结果，而是采用了一种异常新颖的方式——它专门创建了一个网站，作为计算同性婚姻邮寄投票结果的计算器！这将观众的评论带到一个新的层次。这个网站互动性很强，巧妙避免了对投票结果的暗示，也没有发布任何真实的民调数据，但可以允许公众通过猜测投票率和选民情感倾向来决定自己的选择结果。这一案例生动地说明了当以互动式的客户体验形式加以呈现，一则几乎不涉及事实的时事也可以做到如此引人入胜。记录显示，最终结果是绝大多数澳大利亚公民支持同性婚姻，支持率接近80%。

移动客户体验必须简单、及时、注重地域性

如果说在线零售是一个不断增长的市场，那么基于移动电话的商业更可谓方兴未艾。现代智能手机正变得无处不在，它所提供的已经远不止电话和短信。移动手机与客户体验相关的功能有：移动网络连

接、无线网络连接、短程无线数据传输（包括蓝牙）、近场通信（类似的如非接触式信用卡）、定位服务、接近传感器、运动传感器、车载数据存储、内置微处理器等。电脑能做的事情，智能手机几乎都可以做，只是屏幕更小，音响没那么强大。

摩托罗拉为 Moto Z 手机开发的 Motomods（摩眼）产品将手机设计提升到一个新高度。这些手机外接程序只是简单替换了手机外壳，用以增加或改进某些功能。它通过一个智能的磁化连接器与手机即刻相连，类似于某些平板电脑上使用的磁化电源线，区别在于 mods 支持手机和附加组件之间的数据和电力传输。目前，mods 包括一个 10 倍光学变焦镜头相机，一个微型数字投影仪，一个迷你录音机，一个游戏控制器和一个无线电池充电器。此外还有一些更传统的附件，包括一块备用电池和一个车载手机支架。所有附件均简单、直观，连接到手机后即可瞬间操作，而且便于携带（当然，增加这些附件仍旧会令手机携带起来稍显不便，同时显著增加了手机的占用面积与重量）。尽管如此，手机硬件的革新并不是移动电话改善客户体验最重要的方面。

比起开展在线业务，许多传统零售业在考虑如何将移动手机纳入客户体验方面进展更为缓慢。在此问题上，Amazon Go（译者注：亚马逊推出的无人便利店）做出很好的示范，证明了移动设备是如何改变零售业客户体验的。具有讽刺意味的是，首先进行这种客户创新的竟然还是亚马逊，因为它从一开始就几乎是完全在线生存的。

T＋E＋M＋Amazon Go：传统购物的进化

目前，亚马逊正在西雅图的商店里测试无人收款商店。该公司声称，新系统使用的技术与自动驾驶汽车类似。系统自动识别顾客选入购物筐的商品，顾客通过智能手机登录其亚马逊账户，亚马逊就可以像在线购物一样对顾客选购的店内商品收费。顾客只需在离开商店时付款，不必再像过去那样排队结账。这背后的技术十分复杂，已经申请了专利，可能结合了电脑视觉、学习算法、近场连接、近距离检测和电子围栏技术，从而确定顾客什么时候、带什么东西回家。

从客户体验的角度看，Amazon Go 节省了客户的时间，减少了客户的负面情绪，并提供有可能更低的价格（因为节省了劳动力成本）。它还将线上与线下购物结合起来，昭示出亚马逊的雄心壮志，即不论是哪条渠道，它都希望成为客户首选甚至唯一的零售商。对于零售业巨头来说，这项技术具有无比新鲜而强大的吸引力，至少会在短时期内备受关注与热议。

移动手机与在线商务都变得越来越普遍，这给其他市场渠道留下的市场空间极其有限。

避免与新渠道或专业机构的直接竞争

从一个拥挤的市场中实现突围的最有效办法，就是围绕一个新的营销渠道来构建你的客户体验。只要你所提供的产品与使用该渠道的客户相容，那么这一看似奇怪的组合就能创造出引人注目的客户体验来。我们生活中最常见的例子，就是在销售其他商品的商店增售食品或饮料，比如卖啤酒的理发店、卖茶的书店、提供冷冻低卡路里套餐的健身房，还有卖午餐的画廊，你在那里可以用餐，也可以欣赏展出的艺术品。还有一些更有趣的营销渠道，同样来自匹配彼此兼容的产品。

比如，旅行社可以成为合作院校推广海外留学的有效渠道。一方面，旅行社可以借此为客户提供不一样的旅行体验；另一方面，与其合作的大学可以在几乎没有或很少有直接竞争的情况下获得宣传的机会。比如，一家承诺使用低过敏源、低灰尘建筑产品和方法的厨房装修承包商，通过与当地的哮喘病人协会合作，成功推广了它们的服务。再比如，一家全国性的汽车保险公司曾向我以前所在的扶轮国际分社①资助一笔款项，为每一位社友的汽车购买了该品牌的第三方保险。我们分社利用这些资金开展了各类项目，而且还实行成熟的成员轮换制度，可以说是成了这家汽车保险公司的活广告。后来，当地一家有名的房地产经纪商将建立新颖营销渠道的想法又往前推进了一步。

这家房地产经纪商是澳大利亚 Place 公司（网址是 eplace.com.au），它的做法独树一帜。建立之初，该公司就一直避免发展成为一家全国性的连锁店，而是选择将业务局限在一个城市（布里斯班）内。它主动为自己所在办公园区附近的其他公司免费制作宣传视频，上传到 YouTube，链接到自己的博客，并发布 Facebook 和 Instagram 等社交媒体。这些企业被免费推介给即将搬到该区域购买房产的客户，自然也从中受益。反过来，这些企业也被动地为该房地产经济商提供了背书，为它建立起积极的品牌联系。通过显示出对本地情况的熟悉，以及对建立繁荣社区的热心，这些企业甚至还另外额外获得了美誉。Place 公司此举巧妙地使自身形象变得更为柔和，弱化了潜在客户对房地产经纪商只是提供房源、租售房产的刻板印象。实际上，Place 公司采用的这一专业化手段与雀巢 Nespresso 咖啡最初使用的市场投放策略如出一辙。

S + Nespresso 开辟了咖啡爱好者的新细分市场

我很喜欢 Nespresso 咖啡机和胶囊咖啡，而且我最偏爱的是其中两款口味——Cosi 和 Voluto。在吉列"剃须刀和刀片"的经典商业战略之后，Nespresso 又进行了一次伟大的创新。它的咖啡机和胶囊个性十

---

① "扶轮国际：Rotary International，是一个全球性的由商人和职业人员组织的慈善团体，在全球范围内推销经营管理理念，并进行一些人道主义援助项目。

足，以至于我在购买时几乎很少考虑价格，而这正是 Nespresso 在开发这款产品时所希望看到的。

Nespresso 咖啡的最大好处是，不需要经过任何培训，你在家就能喝到大师品质的咖啡，而且喝完后没有杯盘狼藉的战场需要你去清扫。Nespresso 集合了所有速溶咖啡的优点，同时避开了所有痛点。以前我就不喜欢喝速溶咖啡，因为我知道用来溶解咖啡颗粒的物质是表面活性剂（基本和洗碗液差不多）。速溶咖啡的味道与手冲咖啡比起来也差得远，我的同龄人经常玩笑式地拿"雀巢渣渣"来称呼"雀巢43号混合咖啡粉"，讽刺的是 Nescafé（雀巢速溶咖啡粉的品牌）和 Nespresso 都是雀巢公司的子品牌。Nespresso 刚刚上市时，在品牌推广中采用了一系列创意十足的分销策略。

我第一次使用 Nespresso 是在巴黎，当时我们经过一家专门卖 Nespresso 咖啡机和胶囊的商店。这家店从地板到天花板装饰得五彩缤纷，货架上摆满了成千上万个色彩鲜艳的咖啡胶囊，一瞬间就把我们给吸引住了。进店之后，我们立马拿到一杯供品尝的免费咖啡。这家店开设的目的就是向人们展示，用 Nespresso 咖啡机和胶囊制作出美味咖啡是何等容易，而且还不会弄得一团糟。这一做法直到今天仍具有相当的创新性。你很难想象会有一家商店专门用来展示某单一品牌的搅拌机、冰激凌机、比萨烤箱、烧烤架，或任何其他新生产的电器，更别提还有现场尝到用该设备制作出来的食品了。这款产品因此具有某种程度的排他性，与咖啡的品质相得益彰。这种排他性在 Nespresso 进入澳大利亚市场后继续存在。该品牌将其分销渠道限制在自己的网站上，并在高端百货公司设立专门的零售咖啡沙龙。沙龙经常人满为患，因为每当顾客停下来购买咖啡胶囊时，工作人员都会例行为他们倒上一杯免费试喝的咖啡。

这种新颖的营销渠道适用于各种不同的行业，尤其是小微企业和初创企业。我妻子是一位拥有纯艺术学位的画家，曾就读于伦敦的切尔西艺术与设计学院。多年来，她想过各种办法通过自己画画赚钱，直到她开始考虑其他利基市场和渠道才初见成效。对于一个画家来说，传统的办法就是找一家画廊展示他们的作品。但如果从一家小企业的角度来看，这对画家和画廊来说都是一次冒险。对画家来说，没人能保证他的画一定能卖出去，他需要依托画廊向尽可能多的客户推销自己的作品，好让自己前期投入的时间和材料有所回报。对画廊来说，它需要付出实实在在的成本，既有实际成本，也有机会成本。实际成本与其租赁的画廊场地相关，一般位于高端购物中心才能正常运作。画廊还要付出机会成本，因为当它利用该空间展示某一位艺术家的作品时，就不能为另一位艺术家所使用。艺术市场供过于求，有些艺术家自命不凡，对自己作品的定价往往出于自己对其价值的渴望，而不是根据市场对该作品的估价。于是，一些画廊决定向展出自己作品的艺术家收取费用，相当于将画廊场地出租给他们，而不是收取佣金。我妻子因此受到启发，想出一种更具创业精神的解决办法。

初创企业的成功之道在于采取灵活的管理方法，要义就是开始营销一个最小可行产品，并利用市场反馈寻找一个有利可图、可持续的机会。如果最开始没有奏效，那就做出某些改变，再试一次，这个改变的过程叫作"定点"。随着时间的推移，善于学习和总结的企业家会渐渐胜出，因为他不断寻找第一步的定点位置，直至他获得成功。企业在初期应牢记使命，那就是探究新企业能提供什么，以及客户可能想要什么。从哪里开始往往是清晰的，因为创业者拥有的资源（他们的储蓄、其他资产、技能和人脉）会将他们引向特定的机遇。难点在于情感层面，创业者需要鼓起勇气，创造并向市场推出他的最小可行产品，准备好接受市场的真实反馈，然后坚持不懈地重新定点，直到取得成功。这正是我们开展绘画业务时所走的路。

依靠画廊的计划失败后，我们首先尝试了直接在网上营销，但并未奏效，因为当时我们两人都没有掌握优化搜索引擎、发布在线广告、进行社交媒体营销等相关捷径的技能。接下来我们进行了第二次定点，尝试把画作卖给那些为了卖出房子租用家具的中介公司，但这面临着许多与画廊老板打交道相似的问题。第三次定点，我们简单地复制了家具租赁模式，即进行绘画作品租赁。然而在接触了专门装修待售房屋的设计师后，我们失望地发现，房屋装修花在艺术品上的预算有限，只能支撑成本较低的版画。因为这项交易是临时性的，投资一件时隔数年仍然美丽和富有寓意的艺术品是件过于奢侈的事情。后续的难题还包括物流，以及谁来承担搬运、挂画和租期结束后拆画、取画的风险、成本和麻烦。第四次定点，我们终于找对了路。有些室内设计师希望与艺术家合作，创作定制绘画，作为客户增值服务的一部分。这些设计师品位高雅、审美成熟，但苦于自己不会创作，因此希望有艺术家帮助他们实现自己的想法。一旦他们的需求得以确认，将会成为一条理想的市场渠道。

这时，创新的关键变成能否从室内设计师和他们的客户那里获取具有建设性的大致想法，然后根据预定空间创造一幅令所有人满意的画作。通常情况下，室内设计师和他们的客户会围绕画作的美学风格、主题和色调提出意见，从一开始就参与到这幅画的创作方向中来。如果以客户体验为中心的角度看，将客户纳入艺术创作的过程是有意义的，但从艺术家的角度出发，这实际上从一开始就是违反直觉的。

大多数艺术家接受的训练是以一种与市场要求相冲突的方式进行创作。不管是音乐、绘画、雕塑或其他艺术媒介，只要走上商业化的道路，艺术家们多半对此嗤之以鼻。在接受科班训练的期间，许多艺术家都被老师鼓励追求纯粹的自我表现，却牺牲了以艺术谋生的能力，很少有人接受商业培训。历史上许多伟大的艺术家死后才获得商业上的成功，但在现代，懂市场、懂营销的艺术家在世时也能取得巨大的成功。

S+现代艺术与市场营销

毕加索、班克西、沃霍尔等艺术家都是成功将自己的作品推向市场的典范。2010年的电影《从礼品店出门》（由班克西执导）记录了被称作"洗脑先生"的蒂埃里·古塔所取得的商业艺术成功。关于这部电影究竟是一部真实的纪录片，还是一种新型的"伪纪录片"，存在一些争议。不管怎样，电影传达的主旨是，艺术的营销远比艺术家的才华重要得多。如果这部电影讲述的都是事实，那么很明显，洗脑先生的成功主要归功于他的营销技巧，而不是他的艺术水平。如果这部电影仅是一场闹剧，它仍然可以作为一个反映艺术营销重要性的极好例子——作为一名涂鸦艺术家，班克西尽管几乎没有接受过电影制作人的培训，也没有从事过相关的工作，但他成功地发行了一部电影。在这个新颖的营销渠道出现之前，班克西已经称得上是一位具有创新精神的营销人士。

班克西因创作反映时事、寓意深刻、常带有政治色彩的伦敦街头艺术而声名鹊起。他创作的涂鸦作品质量如此之高，以至于如果附近有他的作品，这一带的地价也会随之上涨。然而，涂鸦艺术的准非法性决定了艺术家需要对自己的身份保密，这使得班克西作为一个品牌同时变得更为神秘以及声名狼藉。公共涂鸦作为一种推广策略，是免费增值商业模式的极佳范例，也是想要追求商业成功的艺术家的一条非传统渠道。如今，班克西的作品在世界各地的画廊轮回展出，他本人也从保留的作品版权中赚取巨额版税。

上面所有例子归结为一点，就是利用一条新渠道首先从客户体验的角度出发。无论你从挖掘新渠道、开拓利基市场还是选择何种业务出发,共同的主题都会将它们结合起来,创造独特、卓越、值得推荐的客户体验。这些出发点均与特定渠道相关,所以要考虑地理细分。另一方面,对于涉及行为细分的企业,在进入市场和提升质量时,也可尝试其他更有效、更具快速传播潜力的专业化渠道。

提前应对市场变化

最后要介绍的是颠覆式客户体验创新,即辨别客户从何时起由对量的需求转变为对质的需求。这一点同样是本书的核心主题,提升质量是客户体验创新的重中之重。初次购买某种产品的客户一般是为了满足功能性需求,他们的需求是以量为基础的。他们常常对价格非常敏感,对所购买的东西所知甚少,属于风险厌恶型。而市场中重复购买某商品的客户除了为满足自己的功能性需求,还有更高的要求。他们的需求转移到对产品质量的期待上——对价格的敏感度降低,对所购商品掌握的信息更丰富,更愿意尝试新事物。大多数市场的客户行为模式都遵循类似的变化轨迹,从数量需求逐渐转向质量需求。辨别哪些客户已经做好准备跨越到下一阶段并非易事,却能为企业带来竞争优势。

试想这样一种场景:一名刚毕业的会计、法律或其他专业的大学生第一天上班,他需要穿着得体地来到办公室,因为这可能是他平生第一次穿成这样。鉴于女性职业着装的规则过于复杂,让我们假设这位新被雇佣的大学毕业生是位男性。那么,他将必须买一套西装、衬衫、领带,可能还包括鞋子。这就是一名职场新人在实际生活中的数量需求。

我们男性一般不大愿意花大价钱买一套昂贵的西装,即使买得起,也有可能根本不懂如何挑选一套优质西装。据称,在澳大利亚,一套现成西装的入门价格约为150澳元。现在回到我们的主人公身上，他还得费尽心思选条领带，好在办公室同事面前更好地展示自己。他或许没有意识到，应该多花一点钱买一双做工精良、穿着舒适的鞋子，因为在未来的几个月甚至几年里，每周至少有50个小时他都要穿着这双鞋子走路。不管怎样，他肯定会买齐全套东西，然后穿戴整齐，在星期一、星期二、星期三去上班。即使他穿的是一套很便宜的西装，他依然会觉得自己就像个百万富翁，为自己未来的成功精心收拾，走进激动人心的新事业。

到了某个时候（可能是星期四，可能是一周之后，当然也有可能将近一个月），他会遇到意料之中的问题——他不可能每天穿同一套西装上班，即使换了领带和衬衫。如果他希望在第一套西装拿去干洗后还有衣服可穿，他就必须得买第二套。于是，他会去买第二套西装，价值几乎和第一套一样，甚至可能到第三套时还是这样，直到此时，他还是个愿意穿廉价西装的人。这仍然是对数量的需求，但情况最终会变。

假设我们的主人公涨了薪，存下来一些钱，或者收到一件生日礼物。总之有一天，他穿着一套稍贵一些的西装去上班了，价格在300到500澳元。这套西装或许仍旧是成品，却是来自某种时尚品牌，剪裁更得体，用料更好，做工更精良，或者仅仅是看上去更好（我们知道，时尚这东西有时真是让人摸不着头脑）。无论如何，当我们的主人公穿着帅气的新西装走进办公室时，他会重新找回自己仿佛是宇宙主人的感觉。这时，发生了一些事情。某位同事被我们主人公新买的衣服和不凡的神采所吸引，盛赞他穿这套衣服何等好看。这无疑加速了他向质量需求的转移。后来，他在星期一、星期二、星期三都穿这套新西装，到了星期四，他发现衣橱里以前的衣服都不如这一套。于是，他产生了更新职业着装的动力。这种升级循环将会一次接连一次地发生，直到我们的主人公不再需要穿西装。在我们的生活中，在每一个市场，这种模式反复出现。

　　回想一下你买过的所有东西（如果想不起来，可以翻翻你的信用卡账单），你居住的房子、你的交通工具、你的食物、你的娱乐活动、你的服务提供商，都随着时间的推移而不断升级，因为你逐渐地从数量需求转为质量需求。成功的企业，就是那些能够适应市场从数量需求到质量需求的转变，不断更新产品的企业。

　　20世纪80年代以前，日本汽车给人的印象是低价格、低质量。从那时开始，日本汽车制造商不断提升质量，现在它们已经可以和德国最好的汽车公司竞争。韩国汽车处于目前质量区间的中间位置，且每年都在持续提高自身的实际质量和感知质量。汽车也是中国新兴市场的重要组成部分之一，但中国汽车质量有待提升，不过对于该市场的新进入者来说并不是件坏事。在汽车的高端市场，下一个质量需求点应该是自动驾驶电动汽车，它将吸引大量亚洲以外的汽车买家。产品质量的提升没有绝对的终点，有的企业一直爬到质量金字塔的顶端后，却从金字塔的边缘猛跌下去，再从塔底重新开始，市场上这样的案例比比皆是。

E + M + S + BIC 颠覆了钢笔

　　质量需求被重置到最低水平的案例之一就是书写工具。BIC公司是法国的一家钢笔制造商，1945年由马赛尔·比奇和爱德华·布法德共同创立。从20世纪20年代开始，钢笔就被视为一种艺术品，拥有一支合适的钢笔就像今天拥有一部合适的手机一样，是一个人社会地位的象征。可到了1950年，BIC推出价格低廉、大批量生产的圆珠笔后，一切都被改变了。一夜之间，圆珠笔重新设定了书写工具市场的质量标准，以其设计简单、价格便宜打破了钢笔主导市场的地位。圆珠笔用起来更为便利，省去了钢笔需要重新加墨水的麻烦，笔尖在纸页上的移动也更加顺畅。没有了钢笔的书写不便、较高成本和反映地位的差异，圆珠笔成为新用户的理想选择。渐渐地，市场转向以圆珠笔为主导。自此以后，市场再次恢复质量不断攀升的过程，只是这次是以圆珠笔为基础。世界上最昂贵的25支钢笔中，最便宜的是1800美元，最贵的是出自蒂巴尔迪公司（译者注：Tibaldi，意大利大名鼎鼎的预约笔具制造商）的Fulgor Nocturnus（直译为"光辉的梦幻曲"），售价800万美元。为了迎合市场形势的变化，BIC又收购了包括威迪文和犀飞利在内的高端钢笔品牌商，有意思的是，这两家公司直到今天还在生产各种各样的钢笔。

发现被市场其他竞争者疏忽的数量需求或质量需求能为本公司带来竞争优势。在有些市场，这种优势只是暂时的，但在另外一些市场，这种优势或许是持久的。比如澳大利亚的啤酒市场正在经历一场大规模的向质量需求的转变，因为随着许多小型精酿啤酒商的诞生，越来越多新的精品啤酒逐渐涌现。与此形成鲜明对比的是，澳大利亚葡萄酒市场供应严重过剩，可以说已经过了凭数量站稳市场的阶段。

S+卡塞拉席卷美国葡萄酒市场

2001年，卡塞拉酒庄的黄尾葡萄酒刚进入美国市场时，遭受一片批评之声。有些评论说"味道真的很糟糕"，或者"让人想起菠萝汁……不过是味道较淡的液体罢了"。然而，这款葡萄酒最终大获成功，因为它瞄准了一群被其他葡萄酒生产商忽视的消费者——初次饮用葡萄酒的美国人。黄尾葡萄酒价格低廉、标签醒目、带有进口自澳大利亚的标识，其温和的口感非常适合初次购买葡萄酒的消费者。这款酒既不复杂也不浓烈，而是略带甜味。所有围绕产品和品牌的设计都旨在迎合葡萄酒新手消费者，包括其每瓶不到10美元的价格。与其他更知名的葡萄酒生产商、调酒师或某些葡萄酒伪爱好者所塑造的精英形象截然相反，这款酒因定位接地气而广受欢迎。黄尾葡萄酒也是客户体验领域一个天才型的案例，它的出现消除了客户的一个关键痛点，即作为一名新手消费者总是担心自己会做出糟糕的选择。结果不言自明：2001年，黄尾葡萄酒首次在美国亮相，仅售出了20万箱，次年即售出220万箱，到了2015年，该品牌在美国的销售量达到800万箱。

这是本书最后一个关于客户体验创新的例子。最后一章将介绍企业获得持久竞争优势的其他方面，包括如何实施新的客户体验计划的关键步骤。这一点极具战略意义，因为越复杂的客户体验就越难被复制，而不易被复制是企业的制胜法宝。

第七章　为客户体验创新吧

根据我们的经验，企业试图通过创新创造价值时面临的最大障碍就是实施。每一年都有无数的时间和数以亿计的金钱花在战略制定上，包括创新战略，但最终不过是丢在书桌抽屉的最底层，沦为落满灰尘的纸张而已。换句话说，大多数企业都重战略而轻执行。不少大型咨询公司仅凭这一现象就赚取了惊人的巨额利润。有许多企业也只经历一段短暂、激烈却成果寥寥的爆发式成长，从未取得任何实质性成就，这是因为它们只是一家"战略"或"建议"型企业，而不是实施型企业。

对于那些认真致力于创造真正价值、实现真正变革的企业高管而言，有效管理创新战略和创意的实施是企业实现价值的唯一途径。驾驭复杂形势既是一门艺术，也是一门科学，是企业取得成功的根本和关键。高度关注创意如何在你的企业落地，然后以严苛的标准、严明的纪律和相当程度的灵敏来实现。还有至关重要的最后一点——创新是一个持续的动态过程，你的企业既需要具备识别和执行创意的能力，也需要拥有随着形势变化而迅速"转向"的灵活性和度量，接受失败是实现整体成功的一部分这个道理。

保持机敏，随时准备面对失败

卓有成效的客户体验创新不仅需要好的想法，还需要纪律严明、持续聚焦的实施,以及伴随整个过程的对失败的容忍。当下有个流行词叫"快速失败",意思是有些创意就是无法奏效,这是个应被接受的重要理念。实施并不一定代表完美,而是要做出改变,以及"把事情做好"。许多企业惯有的思维模式是,要对最终产品有高度的确定性和控制力,最典型的就是瀑布开发模式。该模式下开展的创新有两个弊端:

1. 瀑布开发模式的项目通常需要很长时间才能进入市场,在此期间,或者是客户需求发生了变化,或者是竞争对手迎头赶上,或者更糟的是,二者兼而有之。

2. 瀑布开发模式要求对作为最终解决方案的产品的外观、感觉、作用和集成方式等都要预先确定。这通常意味着在项目开始时严格规范,之后便很难进行更改,一旦更改需要付出极高的时间和金钱代价。

因此,我们应该从一开始就明白,一个想法从设计到实现不应受困于先入之见,而是要用开放、灵活的方式和技术确保好的想法落地生根。许多管用的方法已经得以很好的归纳,如敏捷开发和迭代设计,它们也应该纳入你的客户体验创新工具包里。

T+E+宜家的"快速通道"

宜家就像一个大盒子,里面装满了儿童的可爱卧室、时尚达人酷炫的公寓厨房、适合一家人的温馨电视房,以及完美的厨房。以前,宜家卖场设计的只有一条路,曲折蜿蜒,经过每一个场景,这种布置对初次购物和不常光顾的顾客来说非常理想,因为按照这样的设计,他们可以放慢脚步仔细挑选,将所有想买的东西都放入购物筐。但对那些知道自己要去哪里、想要什么东西的宜家常客而言,还要他们经历人群的拥挤就变成难以忍受了,尤其在赶时间的情况下。结果就是,一些顾客不愿意在宜家的顾客队伍里蜗速移动,于是选择在别的地方购物。

当宜家从顾客的反馈中发现这一问题后，他们调整了卖场的设计，加入了快速通道。快速通道的标识并不是很显眼，不过是些细微的标记，所以只有那些知道如何更快到达他们想去的商品区的回头客才会使用它们。这些顾客对卖场路线的可控感越来越强（E+），能够更快速地找到自己需要的商品（T+）。倾听客户的声音，就要对客户体验的策略加以调整，在这一点上，宜家的快速通道是一个很好的范例。

选择合适的数量和类型

关于客户体验创新，你可能有成千上万、五花八门的想法，但真正重要的是这些想法的质量和企业的实施能力。客户体验创新能否成功，关键在于是否聚焦最有可能给企业发展带来积极影响的因素——或者通过改变推荐度、满意度、忠诚度等关键客户指标，或者改变关键财务指标，如服务成本、每位客户收益，以及平均客户生命周期价值等。

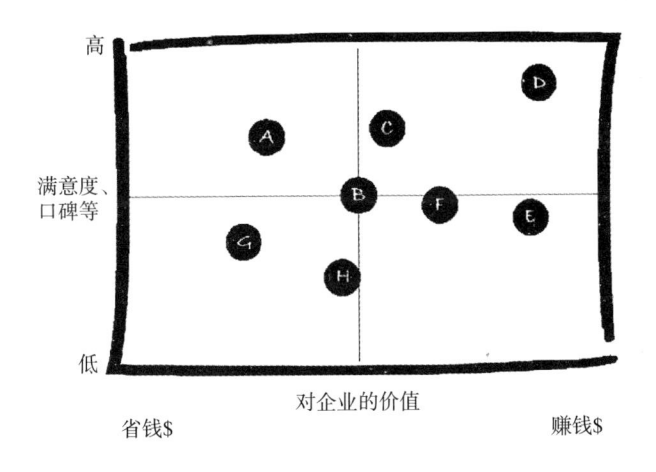

因此，实施过程的重要一步就是弄清你的潜在客户体验创新组合在公司关键指标中处于什么位置。上面的客户体验创新组合图稍微有些复杂，但是可以帮助你了解投资不同客户体验创新的相对价值。它所展示的方法可用来比较不同的创新计划对关键的直接客户指标（如满意度、推荐度等）造成的影响，及其价值创造潜力。注意，这里的价值创造来自两个方面：一是通过省钱创造价值（如通过在客户服务中引入聊天机器人以降低服务成本）；二是通过赚钱创造价值。

在上面的客户体验创新组合中，D 是最显眼的选项，它意味着更高的客户满意度和赚更多的钱。相较而言，B 不值得继续推进，因为它既没有提高满意度，也没有对创造价值带来任何变化，即它是价值中立的。接下来，让我们通过观察 A 和 G 这两个选项来完善该思维模式。A 也是个强有力的候选项，因为它可以增加满意度，并能节省资金，从而创造价值。这类创新的一个例子就是预先生成的 Web 窗体页，它能减少人工的工作量，通常适用于呼叫中心或其他人工客服领域。

G 选项讨论起来很有意思，它凸显了不同的人理解客户体验创新的细微差别。G 所支撑的是一个通过省钱来创造价值的创新计划，但与此同时它可能会降低某个关键的客户体验指标。这时候就需要了解它在当前的组织环境下造成的相对影响。例如，目前客户满意度在 9 分左右的某家会员制组织（品牌具有亲和力，内部联系功能完善）也许会认为，如果可以省下一笔钱，用客户满意度的小幅下降交换是值得的。

总而言之，关键是对你的客户体验创新组合做出合理预测，从而找到下一步发力的重点。上述方法有利于理解相对优先级，是构成实施创新"科学"方面的系列重要工具之一。下面我们将注意力转向"艺术"的一面。

确定由谁负责以及需要什么资源

任何客户体验创新的有效实施都需要确保组织权威及所需资源到位。我们可以利用下面的模型，对于应交付什么样的个人或团队，以及创新是如何被组织所驱动或生成进行简要梳理，后一个方面涉及实施所需的权力和资源。下面的客户创新责任矩阵概述了四种不同类型的创新举措。

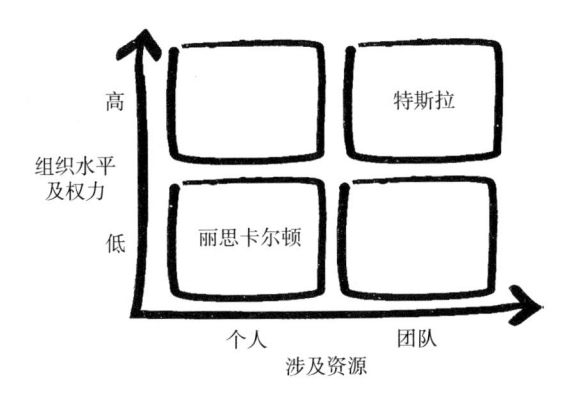

```
              ↑
         高 ┌─────┬─────┐
            │     │特斯拉│
  组织水平   ├─────┼─────┤
  及权力     │丽思 │     │
         低 │卡尔顿│     │
            └─────┴─────┘──→
              个人   团队
                涉及资源
```

左下角是由在组织权力和资源控制方面处于低水平的个人实施的创新。左上角是由拥有更多资源和权力的高级管理人员所实施的创新。右下角的创新需要一组人来完成，即使涉及的资源和权力较低也是如此。最后，右上角的创新需要由控制重要资源和权力的人员所组成的团队来完成。

客户体验创新责任矩阵与上一节所述客户体验创新组合图的联系可以用"努力"一词来形容。毋庸置疑，想要实施位于该责任矩阵右上角的计划，需要动员大量组织资源，并做出有可能耗费巨大机会成本的重要决策。这种"努力"再反映到客户体验创新投资组合图，可以观察出所实施计划的净价值和相对吸引力。

为了比较不同的创新行为如何反映到客户体验创新责任矩阵，我们来看两家非常不同的企业：丽思卡尔顿酒店和特斯拉。

丽思卡尔顿酒店素来以卓越的客户体验而著称，其成功秘诀的一部分就是让所有员工都参与创造"神奇时刻"。在丽思卡尔顿酒店，有各种各样未经演练、充满创意的服务方式，令客户倍感愉悦，而且不需要任何额外的资源、权力或团队支持。你可以将其归入客户体验创新责任矩阵左下角类型的创新。下面的案例研究是丽思卡尔顿酒店不断创新客户体验的一个例子。

T+E+丽思卡尔顿酒店"神奇时刻"

有个周末，我很幸运地入住丽思卡尔顿千禧酒店。在这里，我不仅享受到了细致入微的服务，还意想不到地邂逅了真正快乐的时刻，这更坚定了我下次来这里还要继续入住这家酒店的决心。

我到达的时候，一位在酒店实习的年轻女士在门口迎接我，她面带诚挚的微笑，认真地与我交谈。她的职责是作为这家丽思卡尔顿酒店的"第一张面孔"，一直将我引至前台，在那里，办理入住手续的员工将继续热情的服务。我和这位女士聊了几分钟，不知是因为排着长队的原因，还是她似乎真的对我为何来到新加坡感到好奇，她对我来此入住表示感谢。我告诉她上一次我来新加坡已经是好几年前，我很想看看这个日新月异、充满活力的城市又发生了哪些变化。这位年轻女士的热情和友好，就是前文我所描述的增强型体验。

那天晚些时候，我在房间的桌子上发现了一张纸条和一些小礼物（一些美味的饼干和柠檬酱）。这就是我所说的未经演练的快乐时刻，一种心情完全被释放的体验。你可以从这张便条中看到交流与祝福，以及流淌其中的真诚言语与情感。这远比诸如"欢迎光临我们的酒店"这样的标准印刷品更引人注意，有些酒店甚至让此类标语出现在

> 尊敬的塞勒斯先生：
>
> 新加坡丽思卡尔顿千禧酒店向您问好！
>
> 很高兴今天下午在您光临本酒店时与您相识。
>
> 希望多年后再次回到新加坡，能够刷新您对这座阳光海岛的记忆，也希望在我们酒店休息的一天能让您精神焕发。
>
> 这些是我专门为您准备的点心，请您享用。
>
> 祝您睡个好觉，归途顺利！
>
> 你的，
> 瑞秋
> 客户关系部

电视里。这张纸条让我第一次入住就与这家酒店、某个具体的人，以及更大的丽思卡尔顿品牌之间建立起情感的联系。

第二天早上，当我再次遇见瑞秋时，她热情地跟我打招呼："早上好，塞勒斯先生！"（试问，有几家酒店的服务人员可以做到这一点？）我感谢她赠送的礼物，并询问她丽思卡尔顿酒店是怎样鼓励和支持员工这种行为的。她回答说，任何一位员工，只要认为自己能够为客户创造"神奇时刻"，都会得到酒店的鼓励。

丽思卡尔顿酒店授权员工为客户营造令人耳目一新的体验，将已经很棒的客户体验提升至另一个层次，为每一位入住的客人打造美好的回忆。经历过"神奇时刻"的客户再次入住和向他人推荐的倾向性都大大提高，而这正是每个品牌梦寐以求的东西。

打造真正卓越的客户体验，需要一个消息灵通、充满激情、生机勃勃、充分"释放"的团队，他们能基于即时的互动和环境提供创造相应的体验。这种类型的体验不是照本宣科，因此比千篇一律的规范性服务高出一个层次。然而，它的回报绝对是值得的。

丽思卡尔顿酒店对每一位员工培训创新客户体验能力的方法，这在《金牌标准：丽思卡尔顿酒店》一书中有详细的描述。在这本书中，我们了解到，丽思卡尔顿酒店的宗旨是"女士们，先生们，请为女士和先生们服务"。试想一下，在各式酒店里有各种各样的工作岗位，从服务生到厨房工、礼宾员到园丁，他们中有多少人认为自己很特别，有多少人认为自己的地位和价值与自己服务的客人是平等的？可能不是很多。这不是因为他们本身没有价值，或者不值得以独立个体的方式被看待，而是因为他们的角色和职位设定方式，以及他们的上司仅仅将其视为生产要素，而不是独特客户体验的推动者。

神奇的丽思卡尔顿酒店通过将自己的员工称为"女士们，先生们"，生动地诠释了员工与客户间的平等地位，这一招简单却高明。酒店嘉奖员工的所作所为，确保他们每时每刻都以一位淑女或绅士的行为，与客户建立联系并为他们创造不一样的记忆。当然，我们也要澄清一下，丽思卡尔顿酒店并不是放任让员工随心所欲地工作，坐等最好的结果出现。相反，它有一套核心的服务标准，以及一系列高度标准化的流程和工作方式。难能可贵的是，标准并没有变成限制丽思卡尔顿酒店发展的平台，而是它创造竞争优势的强有力工具。

正如前文所述，有效管理客户体验，培养一大批拥护者，并通过竞争优势获得更大的价值，这需要非凡的能力。一家企业究竟是怎样持续创造良好客户体验的，从外部看可能并不明显，这才能让竞争优势更具有持久性。在丽思卡尔顿酒店的例子中，我们对比发现，无数家酒店散布在城市的每一个街角，但它们根本不知道该如何创造和升级我们所讨论的客户体验。

现在，让我们再来研究一项迥然不同的产品创新。没有人能否认埃隆·马斯克的特斯拉汽车已经对汽车业产生了巨大影响，无论是在外观设计、性能，还是对环境的影响方面，特斯拉都创造了新的标准。然而，马斯克的野心还不止于此。

T + E + R + M + 特斯拉的电力生态系统革命

当特斯拉的第一款电动汽车 Model S 问世时，整个世界为之惊叹。在几乎所有的产品维度上，特斯拉的表现都超出了它的完成度，预示着汽车领域进入了一个新时代。然而，马斯克明白，要想将汽车行业转向新能源模式，真正实现颠覆性的变革，一辆好车是远远不够的。

马斯克知道，要将汽车生产的单位成本降到足够低的水平，从而增加销量，超大容量的锂电池必不可少。于是，他在美国投资了世界上最大的单一设施生产商之一——Gigafactory。扩大电动汽车使用范围的关键因素就是确保有充足的快速充电桩或电池交换机。因此，他在美国和其他地方的主要交通干线上建立大量充电站。

同时，马斯克还意识到，要想真正实现自己零排放汽车的梦想，还需要加快开发分散式发电装置的步伐。因此，他利用 Gigafactory 的规模效应，研发了一种新的屋顶瓦片式太阳能收集系统，"太阳能瓦片"，构建了一个闭环的能源生产、消费生态系统。

就创新而言，马斯克建立了一个最难复制因此潜在价值最高的生态系统——该系统中的各个部分各自创造价值，又相互交织、支撑整体。打造这一生态系统意味着大量资本的注入，对关键人物的领导力和勇气也是一次巨大的考验。

```
        汽车 ←         ↑ 太阳能瓦片
                ┌─────┐
                │ 电池 │
                └─────┘
        货车 ←         → 家庭
```

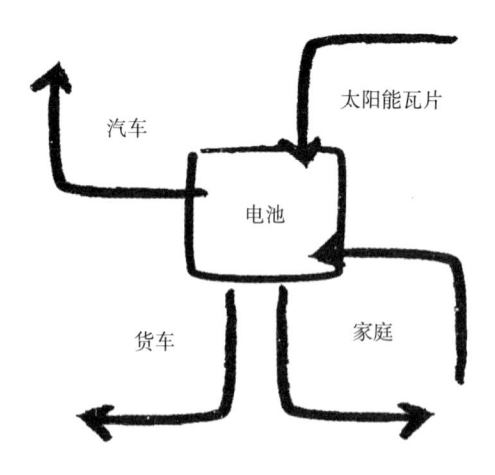

在创新责任矩阵中，特斯拉是位于右上角的创新的典型案例，也是企业巨大的竞争优势。作为本节的结尾，我们来比较一下丽思卡尔顿酒店和特斯拉这两个例子。二者都创造了一种我们称之为持久的竞争优势。在丽思卡尔顿酒店的例子中，它在没有预算、没有额外团队或管理支持的前提下，以最低水平的组织形式实现了创新。当然，丽思卡尔顿酒店将许多心血投入培训员工，营造良好的领导文化以鼓励和支持员工个人的创新行为，以及完善酒店的整体设施方面。但是对于特定的体验创新而言，丽思卡尔顿酒店"神奇时刻"的边际效应几乎为零。

而在特斯拉的例子中，马斯克孤注一掷，把自己的每一分钱都投入项目中，将整个团队的力量汇集起来，以实现他的核心创新目标——创建一个电力生态系统。事实上，他确实创造了持久的竞争优势，人们蜂拥购买他的汽车，毫不犹豫地购买他的太阳能瓦片。消费者的热情和口碑让马斯克离他的整体愿景更近了一步。

实施客户体验创新的实际步骤

前文我们讨论了客户体验创新的一些最重要的概念、挑战和案例，现在我们将注意力转向实际步骤，确保您在阅读完本书后，能够通过客户体验创新快速有效地为公司创造价值。如果你想进行一项或多项客户体验创新，有五个关键步骤：

1. 确定重点。前面我介绍了客户体验创新组合图，可以作为辅助你确定工作重点的工具。创建详细的数据驱动模型，能够帮助你找到最有可能影响价值创造、影响满意度的关键因子。如果在此之外，你还有更详细的数据（以及相关技术）将它们组合在一起，该工具就能发挥更大的作用。不过，这只是你进行聚焦的起点，更多的精力应该放在创意策划之上。

2. 决定由谁使用什么资源来实现目标。现在，你已经对你的计划的范围和规模有了很好的认识，所以目前你要做的是向公司明确责任制，以及弄清自己需要获取哪些资源。毫无疑问，在你开展创新工作并开始实施一系列举措时，你肯定会听到各种怀疑的声音，并遭遇激烈的资源争夺战。

3. 确保你的组织具备良性的创新平台。这里所说的平台是指能力、技能、方法和流程。现在你已启程，明确了新的客户体验创新内容，并使用了本书介绍的技术和方法，可以说，你已经为你的组织带来一种新的可能性。接下来你要考虑的是组织的内部情况，观察目前是否有敏捷开发的机会。我们是否基于迭代用户体验的方法和流程来收集客户对新兴创新的看法？我们是否具备服务设计和业务分析能力来正确理解当前的"交付环境"？为了支持创新，我们应如何利用或改变该环境？简言之，你的组织与即将进行的客户体验创新相匹配吗？

4. 预估影响。没有什么比花了大量的钱却几乎看不到回报更能扼杀创新。如果你面对的是一位对你持怀疑态度的上司，你的创新计划能否早早显示出积极迹象就显得更为重要。对此，关键是理解哪些指标与你正在进行的变革最为相关，并确保你在部署创新行为时及时跟踪它们的变化。这些因素包括：

○ 财务指标，如服务成本（理想情况下会降低）。

○ 行为指标，如访问频率（网络或实体店）。

○ 情感指标，如满意度、推荐度（上升或至少持平）、参与度。

5. 打造拥抱变化的团队心态。这一点可能是所有企业实施客户体验创新时最难做到的。很多变革项目的失败并不是因为金钱、时间或兴趣，而是因为在最初的构想工作完成以后，领导层未能在组织中建立正确的能够支持推动创新的思维模式。

有句话这么说："今天你的企业所提供的客户体验，是你的团队每天做出决策的总和。"简言之，如果背后没有团队的支撑，你的客户体验创新注定是一条漫长而艰辛的道路。

下一步做什么由你决定

截至目前，你已经与我们一起踏上了客户体验创新战略之旅，并跨越了一些关键节点。在第一章中，我们提出，在当今的市场环境中，降低成本与开发新产品、新品牌对企业获取竞争优势而言不再是屡试不爽的招数，而客户体验才是市场竞争的前沿阵地。历史表明，即便你所处的行业还未进化到这一步，它肯定也正朝着竞争势均力敌的方向快速奔去。为了生存、发展、实现更高的回报率，你的企业必须打造自己的竞争优势。这是本书第二章阐述的重点。

企业的竞争优势有六种类型，它们的首字母缩写正好构成了"利润"（PROFIT）一词：实体（Physical）、声誉（Reputational）、组织（Organisational）、财务（Financial）、人员（Individual）、技术资源（Technological resources）。任何一家企业都不缺这六方面的因素，但只有少数具备竞争优势。要使任何一种因素成为竞争优势，它必须出类拔萃，我将其总结为 EDGE，即要有额外（Extra）利润，或者收入更多，或者成本更低，意味着你的公司需具备某种差异化（Difference），才能实现增长（Growth），可持续的竞争优势还要求你与竞争对手的差异是持久的（Enduring），只有持久的差异才是最难以复制的。有时候，先行企业能够在竞争对手有所反应之前充分利用市场变化，迅速动作。有时候，有的企业会神不知鬼不觉地占据了时间优势，没人知道个中确切原因。但是，战略规划则不允许有漫不经心或模棱两可，如果没能先发优势或时间优势，企业可以在复杂性管理方面有所作为。富有战略意义的客户体验也有可能出于先发优势，但更常见的是复杂性管理的结果，真正定义成功客户体验创新的也正是后者。一个绝妙的客户体验创新点子的诞生，绝对少不了对市场环境的深入了解。

在第三章中，我们介绍了一些实用的技术和工具，帮助你掌握你目前提供的客户体验与主要竞争对手之间的差别。首先，使用定性研究来绘制你的客户旅程地图；其次，结合定性和定量确定细分方法；最后，量化价值驱动程序和客户决策模型是完成拼图的最后一块。这些为创新的发生创造了条件。

第四章介绍了用以识别和减少客户痛点的TERMS理论，从而帮助企业进行渐进式提升。针对高级用户，用于进行进化式发展和颠覆式创新的工具则在第五章中给予介绍。这一章还指出了大多数公司在实施创新时的局限性所在。

最后一章讨论实际变革过程中的关键考虑因素。我们的出发点是要认识到客户体验创新包括学习，而学习型组织需要做好迅速失败的准备。考虑到对失败的包容，以及机会实现率最大化，可以通过简单的框架评估客户体验投资组合。进一步推动创新落地，需要明确责任分配，保证资源供给。

对这些概念的具体运用效果如何，也取决于公司现有客户体验的成熟度以及追求客户体验战略创新的动机。那些不成熟的公司将不得不返回到旅程起点，因为它们在考虑创新之前必须进行自身的重新定位，将战略计划和运营模式从内倾的、惯性的角度转向以客户为中心的角度。相对成熟的企业可以着手打造其客户体验竞争优势。一些因竞争对手的破坏性或监管变化而陷入危机的成熟企业往往会采取渐进式的创新举措。作为一种防御之举，为应对自身面临的威胁争取更多的时间。消除客户体验的痛点能够减少企业的客户流失，确保更优的解决方案被发现、开发和付诸实施。沿着客户体验之路继续向前，可以启动创新引擎进入下一阶段，即开启进化式发展。客户体验相对成熟的成长型企业可以走得更远，无论投资规模大小，来一场客户体验的颠覆式创新，拉动回报率的进一步增长。

最后，不管你的企业正处于竞争的哪个位置，我们都希望本书能够帮助你攀登战略创新的山峰，高瞻远瞩，走向成功！

索 引

Adobe Acrobat Reader, 155

AG Barr, 34

Airbnb, 24

Amazon Go, 163, 164

Audible.com, 96, 97

B2B 市场, 100

B2C 市场, 9, 100

BIC 公司, 172

Blackwell 书店, 84

Booking.com, 24

EDGE, 22, 186

Excel, 27, 129

Fair share of, 100

Financial, 186

Five Point Four, 95

Garuva, 119, 120

HelloFresh, 95

iPhone, 136, 137

iPod, 136, 137

Irn-Bru, 33, 34

iTunes, 18, 136

Kano 模型, 53, 56, 62, 138-140

Kano 驱动, 53

Kindle, 25, 27, 97, 155

Kindle.com, 97

KPCB 风投公司, 26

Lite n' Easy, 95

MYOB, 142

nakd, 15-17

Office Office 办公软件, 129

Outlook, 129

Physical, 186

Place, 165

PowerPoint, 129

QuickBooks, 142

Risk, 4, 70

SANTOS 公司, 30

savings, 100

Seek, 24, 52

Subscription, 101

TERMS 理论，3，37，62，122，187
Teva 制药公司，26
Uber，24
White Wings，6
Word，129
持续性创新，138
YouFoodz.com，95
YouTube，165
阿贝克隆比 & 费奇（A&F），118
阿西莫，117
埃拉垫，125，127
埃隆·马斯克，183
艾利·高德拉特，148
艾利克斯·奥斯本，152
爱德华·布法德，173
安迪·格鲁夫，9
安利，59
安塞特航空公司，88
奥的斯电梯，66
奥的斯建筑技术公司，67
澳大利亚航空，89
澳大利亚联邦银行，25
澳大利亚啤酒市场，68
澳洲航空公司，88，102
巴诺书店，76
班克西，169，170
鲍勃·艾伯尔，152
贝拉克·奥巴马，15
本迪戈银行，25
本田，21，64，117
毕加索，169
避免与新渠道或专业机构的直接竞争，164
布鲁克斯，24
《财富》杂志，34
餐厅 Dans Le Noir？，108
差异化，5，15，23，24，68，86，142，187
成本加成，89，90
成功的，14，33，36，44，79，95，123 – 125，127，131，147，152，161，170，172，175
乘坐布里斯班渡轮的"生气"，77
持续性创新，131，132，134，138，140
创建价值曲线，64
创新"甜蜜点"，128
《创新者的困境》，9
创业精神，29，167
《从礼品店出门》，169
错误的，114，142
大卫·奥美，113
戴尔，130，157
戴森公司，25，35
德美利证券（TD Ameritrade），137
迪士尼，135

第二次世界大战，6

第三世界，36

蒂埃里·古塔，169

蒂姆·哈特福，40

颠覆，3，32，35，40，122，128-138，140，170，172，183，187，188

颠覆式创新，3，128，130，131，187，188

颠覆性创新，122，131，133-136，140

电台，110

定价和，28

定价模式，96，99，144

定量分析，50，62

定量研究，53，54，61

多乐可，8

饿杰克，141

二手数据，54，61

二手数据，54，61

发展竞赛，5，6

法律细则问题，87

反直觉选择，9

分期付款，101

弗兰克·N. 富特，81

符合预期的，53

富士胶片，135

高收益投资，87

个人电子设备行业，154

公共交通，78，106，136，145-148

购物中心，104，109，119，167

古兹曼和戈麦斯餐厅，141

谷歌，25，57，116，129，155-157

谷歌 Docs，129

股票交易者，62

股票经纪人，60

固定的，121

固定定价，99

固定价格，67，99，100

"刮刮乐"，86

广告，2，17，57，76，83，84，88，98，100，101，105-107，110，111，113，157，161，165，168

鬼冢虎，24

哈雷戴维森摩托车，113

汉堡王，141

航空业，88，90

荷兰皇家航空公司，138

黑客，106

环境中的声音恐怖主义，111

皇家安菲尔德，64

皇家哥本哈根冰淇淋，118

辉瑞公司，25，26

回收矿石区，149

回转寿司，141

会计软件，142

旅程地图，38

绘制市场地图，67

混合动力汽车，132

霍尼韦尔，67

机器熊（Robobear），117

基本感官，106，119

基础数据，56

基于产品特征的定价，88

基于订阅的定价，95

基于功能而定的，143

基准，54，56，69

绩效费用，100

吉列公司，7–9

极速赛车，55

即时彩票，86

"急遽特性"，7

嘉信理财，137，138

价格压力，5，6

价值创造，178，185

价值减值，90，93

价值减值定价，90，93

价值减值定价策略，90

价值链，21，154，157，158

价值链定位，157

价值曲线，38，53，64，65

价值曲线图，65

价值驱动贯穿市场定位，62

建立在订购基础上的，95

渐进式提升，128，129，131，187

江森自控，67

将风险控制在适当水平，84

节省份额收费，100

杰夫·贝佐斯，25–27

捷星航空，89

金钱类，98，99

进化式发展，128，129，131，187，188

进军非消费领域，136

经营租赁，101

竞争优势，2，4，7，8，21–28，31–36，75，80，113，122，131，170，173，174，182，184，186–188

举报门，93

卡塞拉酒庄，173

开放式问题，45

开利，67

凯马特，28

康柏，130

柯达公司，135

可测量的，12

可持续的，6，7，80，122，167，187

可口可乐阿马提尔公司（CCA），124

可口可乐公司，124

克莱顿·克里斯滕森，9

客户产品多样性，61

客户成熟度，53，61

客户创新责任矩阵，179

客户访谈，3，38，45

客户服务，25，71，80，93，114，

索引 | 193

116，178

客户价值，42，60，61，87，90

客户期待管理，140

客户体验，1-6，8，15，18-20，23，25-27，30，36-40，42，45，46，53，54，56，57，62，64，69-71，74-80，83，87，88，92，94-96，98，99，101，103，105，106，109-111，113，114，116-119，121-123，131，139，140，142，146，149，152，157，159，162-164，168，170，174-188

客户体验创新，1-6，20，53，139，140，170，174-180，184-187

客户体验提升有利于品牌增值，19

客户需求，131，142，176

客户需要，94

客户忠诚度计划，54

肯德基，26，141

口碑传播者，23

口碑推荐，42

《奎迪》，8

昆士兰银行，25

蓝海战略，3，64

蓝海战略和，3

劳氏，118

劳斯莱斯汽车，113

乐天，24

类型，11，23，51，54，60-62，104，112，127，128，131，177，179，180，182，186

丽思卡尔顿酒店，180-182

联想，15，119，130，148

聊天机器人，116，178

旅程地图，3，38，39，43-45，50，51，187

旅行社，74，86，165

《洛奇2》，8

《洛奇3》，8

《洛奇4》，8

《洛奇5》，8

《洛奇7》，8

《洛奇·巴尔博亚》，8

《洛奇》系列电影，8

马尔科姆·格拉德威尔，51

马特·梅森，106

麦当劳，135，140，141

美国超威半导体公司，9

美利通酒店，119

美林证券，138

孟加拉国，124，125，127

免费试用，94，96，97，100

免费试用与赠品，100

免费增值，100，101，170

明尼苏达矿业制造公司，34

摩托罗拉，163

耐克，24，33，35

南澳大利亚天然气公司，30

酿由你，58

努沙海鲜市场，152，153

诺曼酒店，105

欧盟，34，80

皮罗，82

品牌炒作，14，15

品牌化，5，16

品牌价值，13，15

品牌价值来自产品质量的声誉，13

品牌资产流失，5，6

苹果电视，18，19

苹果公司，18，19，136，156，157

普华永道，13

气味营销，118，119

企业责任国际组织，93

汽车保险公司，85，157，165

乔治·伊士曼，135

亲和图法，50

情绪始于共情，76

全球定位系统，20

确定由谁负责以及需要什么资源，178

日本护理机器人，116

日本理化学研究所，117

日本威士忌，91，92

融资，32，101

融资和订购，101

锐步，24

赛扬处理器，9，10

山崎威士忌，91

商业机密，124

商业艺术，169

烧烤吧，141

设计矩阵，144–146，148

设计新型公共交通，145

神秘航班和酒店，86

《生活的逻辑》，40

圣康尼，24

史蒂夫·乔布斯，157

世界领先，116，130

市场变化，170，187

市场定位涉及价格和质量，10

市场细分，3，50，51

市场营销，5，10，12，15，17，29，169

收费模式，80

收益管理，90

狩野纪昭，138

双重认证，19

斯蒂芬·弗罗里达香水，118

斯洛美酒庄，120

特斯拉，20，132，180，183，184

特许会计师（CA），13

体验型，6

体验型商品，92

剃须刀行业，8

通力，66

通用电气公司（GE），124

同性婚姻，161，162

痛点，3，37，38，40，45，48，50，51，69-71，79，87，94，101，102，105，106，111，122，160，166，174，187，188

投资回报率，27，31

投资者，61，62，86，87，137

图灵测试，116

图文巴基督教外展中心，63

图文巴基督教外展中心（The Christian Outreach Centre Toowoomba，简称COCT），63

涂鸦艺术，169

托马斯·爱迪生，123

网景导航者（Netscape Navigator），129

网络效应，24，104，105

微软，10，27，116，128-130，155-157

维珍蓝航空公司，89

未被挖掘的，53

未挖掘质量，138，140

文件共享，106

沃尔玛，28-30，33

沃伦·普费弗，93

五旬节教堂里的礼拜，109

西奥多·莱维特，9

西地那非，26

西尔斯·罗巴克，28

西尔维斯特·史泰龙，8

希尔顿，11

《悉尼先驱晨报》，93

"洗脑先生"，169

喜来登，11

细分市场，15，27，29，38，44，50，51，57，58，65，68，69，95，134，136，137，150，166

先行者，23，27-30，32

现代艺术，169

相对性决策，41

相亲，84，86

香水行业，117

心理细分，29，53，59

新百伦，24

新加坡航空公司，118

信任品，92

行为细分，53，170

《选择的快乐与意大利面酱》，51

选择访谈客户，40

选择何种颜色作为视觉标识，107

学会审时度势，101

寻找市场漏洞，65

迅达，66

雅马哈VStar摩托车，64

亚马逊，25-27，33，75，76，96，97，116，163，164

阳光海岸大学（USC），55

样本量，48，49

一手数据，54

宜家，122，176，177

客户体验，162

移动电话，136，162，163

已挖掘质量，138－140，142

以价值为基础的定价，91

以客户为中心，3，9，42，43，97，111，112，115，122，142，143，148，188

以颜色为基础的，107

亿创证券，137

艺术家，107，126，167－170

逸林酒店，11

《银翼杀手》，109

英国皮尔金顿兄弟公司，26

英特尔，9，10，137，157

"营销短视"，9

有商标的，14

有商标的商品，14

有效管理复杂性的能力，6

有用的，6，42，48，54，64，65，96，106，123

与客户的接触点，43

预期质量，138，139

原材料供应商，154

原始设备制造商，154

圆珠笔，173

约瑟夫·马克斯，107

约束理论，36，148－152

约束理论（TOC），36，148

在线购物，159，160，164

在线股票交易，137

增量式产品开发，7

正确的，29，55，66，70，111，186

质量搜索型成本，92

注册会计师（CPA），13

自动驾驶汽车，133，164

自我管理养老金基金，61